저자

김기훈　現 ㈜ 쎄듀 대표이사
　　　　現 메가스터디 영어영역 대표강사
　　　　前 서울특별시 교육청 외국어 교육정책자문위원회 위원

저서　천일문 / 천일문 Training Book / 초등코치 천일문
　　　　천일문 GRAMMAR / 왓츠 Grammar / 패턴으로 말하는 초등 필수 영단어
　　　　Oh! My Grammar / Oh! My Speaking / Oh! My Phonics
　　　　EGU 〈영단어&품사 · 문장 형식 · 동사 · 문법 · 구문〉 / 어휘끝 / 어법끝 / 거침없이 Writing / 쓰작
　　　　리딩 플랫폼 / 리딩 릴레이 / Grammar Q / Reading Q / Listening Q 등

쎄듀 영어교육연구센터
쎄듀 영어교육센터는 영어 콘텐츠에 대한 전문지식과 경험을 바탕으로
최고의 교육 콘텐츠를 만들고자 최선의 노력을 다하는 전문가 집단입니다.
장혜승 선임연구원　**·**　**김지원** 전임연구원

마케팅　　　콘텐츠 마케팅 사업본부
영업　　　　문병구
제작　　　　정승호
인디자인 편집　올댓에디팅
디자인　　　쎄듀 디자인팀
일러스트　　전병준, 연두, 김청희
영문교열　　Stephen Daniel White

What's Reading

Words

100 B

영어 독해력, 왜 필요한가요?

대부분 유아나 초등 시기에 처음 접하는 영어 읽기는 영어 동화책 중심입니다.
아이들이 영어에 친숙해지게 하고, 흥미를 가지게 하려면 재미있는 동화나 짧은 이야기,
즉 '픽션' 위주의 읽기로 접근하는 것이 좋은 방법이기 때문입니다.

그러나 학년이 높아짐에 따라 각종 시험에 출제되는 거의 대부분의 지문은 **유익한 정보나 지식,
교훈 등을 주거나, 핵심 주제를 파악하여 글쓴이의 관점을 이해하는 것이 필요한 '논픽션' 류**입니다.
초등 영어 교육 과정 또한 실용 영어 중심이다 보니, 이러한 다양한 지문을 많이 접하고 그 지문을 이해하는
능력을 기를 수 있는 기회가 사실 많지는 않습니다.

하지만 수능 영어의 경우, 실용 영어부터 기초 학술문까지 다양한 분야의 글이 제시되므로, **사회과학, 자연과학,
문학과 예술 등 다양한 소재에 대한 배경지식을 기르는 것이 매우 중요**하며, 지문을 읽고 핵심 주제와 글의 흐름을
파악해 문제를 풀 수 있는 능력, 즉 영어 독해력이 요구됩니다.

<왓츠 리딩> 시리즈는 아이들이 영어 읽기에 대한 흥미를 계속 유지하면서도, 논픽션 읽기에 자신감을 얻을 수
있도록, 챕터별로 **픽션과 논픽션의 비율을 50:50으로 구성**하였습니다. 각 챕터를 하나의 공통된 주제를 기반으로
한 지문 4개로 구성하여, **다양한 교과과정의 주제별 배경지식과 주요 단어**를 지문 내에서 자연스럽게 습득할 수
있도록 했습니다.

🔍 환경 관련 주제의 초등 ▸ 중등 ▸ 고등 지문 차이 살펴보기

같은 주제의 지문이라 하더라도, 픽션과 논픽션은 글의 흐름과 구조가 다르고, 사용되는 어휘가 다를 수 있습니다.
또한, 어휘의 난이도, 구문의 복잡성, 내용의 추상성 등에 따라 독해 지문의 난도는 크게 차이가 날 수 있습니다.

초등 **초6 'ㅊ' 영어 교과서 지문** (단어 수 83)

> The earth is sick. The weather is getting warmer. The water is getting worse.
> We should save energy and water. We should recycle things, too.
> What can we do? Here are some ways.
> · Turn off the lights.
> · Don't use the elevators. Use the stairs.
> · Take a short shower.
> · Don't use too much water. Use a cup.
> · Recycle cans, bottles and paper.
> · Don't use a paper cup or a plastic bag.
> Our small hands can save the earth!

초등 교과 과정에서는
필수 단어 **약 800개**
학습을 권장하고 있습니다.

Today I'm going to talk about three plastic bottles. They all started together in a store. But their lives were completely different.

A man came and bought the first bottle. After he drank the juice, he threw the bottle in a trash can. A truck took the bottle to a garbage dump. The bottle was with other smelly trash there. The bottle stayed on the trash mountain for a very long time. (중략)

A little boy bought the third bottle. The boy put the empty bottle in a recycling bin. A truck took the bottle to a plastic company. The bottle became a pen. A man bought it and he gave it to his daughter. Now it is her favorite pen!

What are you going to do with your empty bottles? Recycle! The bottles and the world will thank you for recycling.

> **중등** 교과 과정에서는 **약 1,400개**의 단어를 익혀야 합니다.

고등 **수능 기출 문제** (단어 수 149)

22. 다음 글의 요지로 가장 적절한 것은?

Environmental hazards include biological, physical, and chemical ones, along with the human behaviors that promote or allow exposure. Some environmental contaminants are difficult to avoid (the breathing of polluted air, the drinking of chemically contaminated public drinking water, noise in open public spaces); in these circumstances, exposure is largely involuntary. Reduction or elimination of these factors may require societal action, such as public awareness and public health measures. In many countries, the fact that some environmental hazards are difficult to avoid at the individual level is felt to be more morally egregious than those hazards that can be avoided. Having no choice but to drink water contaminated with very high levels of arsenic, or being forced to passively breathe in tobacco smoke in restaurants, outrages people more than the personal choice of whether an individual smokes tobacco. These factors are important when one considers how change (risk reduction) happens.

* contaminate 오염시키다 ** egregious 매우 나쁜

> **수능 영어** 지문을 해석하려면 기본적으로 **약 3,300개**의 단어 학습이 필요합니다.

① 개인이 피하기 어려운 유해 환경 요인에 대해서는 사회적 대응이 필요하다.
② 환경오염으로 인한 피해자들에게 적절한 보상을 하는 것이 바람직하다.
③ 다수의 건강을 해치는 행위에 대해 도덕적 비난 이상의 조치가 요구된다.
④ 환경오염 문제를 해결하기 위해서는 사후 대응보다 예방이 중요하다.
⑤ 대기오염 문제는 인접 국가들과의 긴밀한 협력을 통해 해결할 수 있다.

왓츠 리딩 학습법

영어 독해력, 어떻게 키울 수 있나요?

<왓츠 리딩>으로 이렇게 공부해요!

STEP 1 주제별 핵심 단어 학습하기

- 글을 읽기 전에 주제와 관련된 단어들의 의미를 미리 학습하면 처음 보는 글의 내용을 보다 쉽게 이해할 수 있습니다. 주제별 핵심 단어들의 의미를 확인하고, QR코드로 원어민의 생생한 발음을 반복해서 듣고 따라 읽어보세요.

- <왓츠 리딩> 시리즈를 학습하고 나면, 주제별 핵심 단어 약 1,040개를 포함하여, 총 2,000여개의 단어를 완벽하게 익힐 수 있습니다.

STEP 2 다양한 종류의 글감 접하기

- 교과서나 여러 시험에서 다양한 구조로 전개되는 논픽션 류가 등장하기 때문에, 읽기에 대한 흥미를 불러일으키는 픽션 외에도 정보를 전달하는 논픽션을 바탕으로 한 다양한 종류의 글감을 접해야 합니다.

- <왓츠 리딩> 시리즈는 챕터별로 픽션과 논픽션의 비중을 50:50으로 구성하여, 두 가지 유형의 글 읽기를 위한 체계적인 학습이 가능합니다. 설명문뿐만 아니라 전기문, 편지글, 일기, 레시피, 창작 이야기 등 다양한 유형의 글감을 통해 풍부한 읽기 경험을 쌓아 보세요.

STEP 3 지문을 잘 이해했는지 문제로 확인하기

- 독해는 글을 읽으며 글의 목적, 중심 생각, 세부 내용 등을 파악하는 과정입니다. 하나를 읽더라도 정확하게 문장을 해석하면서 문장과 문장 간의 연결을 이해하는 것이 중요해요. 이러한 독해 습관은 모든 학습의 기초인 문해력도 동시에 향상시킬 수 있습니다.

STEP 4 지문 구조 분석 훈련하기

● 올바른 이해는 글을 읽고 내용을 이해하는 것을 넘어 '나'의 사고를 확장하며 그 내용을 응용하는 것까지 이어져야 합니다. 따라서 글의 내용을 파악하는 문제 외에도 글의 구조를 분석하고 요약문으로 이해한 내용을 정리하는 활동을 통해 '내' 지식으로 만들어 보세요.

STEP 5 직독직해 훈련하기

● 직독직해란 영어를 적절하게 '끊어서 읽는 것'으로, 영어 어순에 맞게 문장을 읽어 나가는 것을 뜻합니다. 직독직해 연습을 통해 빠르고 정확하게 문장을 해석하는 방법을 익힘으로써 독해력을 키울 수 있습니다.

영어는 우리말과 어순이 다르기 때문에 이러한 훈련이 해석하는 데 큰 도움이 됩니다. 영어 어순에 맞춰 문장을 이해하다보면 복잡한 문장도 더 쉽게 이해할 수 있습니다.

직독직해 훈련의 시작은 기본적으로 주어와 동사를 찾아내는 것부터 할 수 있습니다. 해설에 실린 지문별 끊어 읽기를 보고, 직독직해 연습지를 통해 혼자서도 연습해보세요.

> ### 끊어서 읽기
>
> 어느 북미 원주민 마을에서 / 한 남자아이가 꽃을 꺾었다 / 추장의 아름다운 딸을 위해.
> ¹In a Native American village, / a boy picked flowers / for the beautiful daughter
>
> 그 남자아이와 여자아이는 자랐다 / 그리고 사랑에 빠졌다. 그러나, / 추장은
> of the chief. ²The boy and the girl grew up / and fell in love. ³However, / the chief
>
> 그 남자아이를 좋아하지 않았다. 그는 원했다 / 자신의 딸이 결혼하기를 / 다른 사람과.
> didn't like the boy. ⁴He wanted / his daughter to marry / someone else.
>
> 그 연인이 들었을 때 / 이것에 대해. // 그들은 울었다. 그들은 도망쳤다 /
> ⁵When the couple heard / about this, // they cried. ⁶They ran away /

STEP 6 꾸준하게 복습하기

● 배운 내용을 새로운 문장과 문맥에서 다시 복습하는 것이 중요합니다.
제공되는 워크북, 단어 암기장, 그리고 다양한 부가 학습 자료를 활용하여, 그동안 배운 내용을 다시 떠올리며 복습해 보세요.

★ <왓츠 리딩> 시리즈는 다음과 같이 구성되어 있습니다.

<왓츠 리딩> 시리즈는 총 8권으로 구성되었습니다.

	70A / 70B	80A / 80B	90A / 90B	100A / 100B
단어 수 (Words)	60-80	70-90	80-110	90-120
*Lexile 지수	200-400L	300-500L	400-600L	500-700L

* Lexile(렉사일) 지수 미국 교육 연구 기관 MetaMetrics에서 개발한 영어 읽기 지수로, 개인의 영어독서 능력과 수준에 맞는 도서를 읽을 수 있도록 개발된 독서능력 평가지수입니다. 미국에서 가장 공신력 있는 지수로 활용되고 있습니다.

● 한 챕터 안에서 하나의 공통된 주제를 중심으로 다양한 교과과정을 학습할 수 있습니다.

● 익숙한 일상생활 소재뿐만 아니라, 풍부한 읽기 경험이 되도록 여러 글감을 바탕으로 지문을 구성했습니다.

● 주제별 배경지식 및 주요 단어를 지문 안에서 자연스럽게 익힐 수 있습니다.

● 체계적인 독해 학습을 위한 단계별 문항을 제시하며, 다양한 활동을 통해 글의 구조에 대한 이해도를 높일 수 있습니다.

주제 확인하기

하나의 주제를 기반으로 한 4개의 지문을 제공합니다. 어떤 영역의 지문이 등장하는지 한눈에 확인할 수 있습니다.

지문 소개 글 읽기

● 학습자의 흥미를 유발하고, 글에 대한 배경지식을 활성화시켜줍니다.

지문 속 핵심 단어 확인하기

● 지문에 등장하는 핵심 단어를 확인합니다. 각 단어의 의미를 이해하면 읽기에 더 집중할 수 있습니다.

● QR코드를 통해 핵심 단어의 원어민 발음을 들을 수 있습니다.

01 A Beautiful Cactus

In a Native American village, a boy **picked** flowers for the beautiful daughter of the chief. The boy and the girl grew up and fell in love. However, the chief didn't like the boy. He wanted his daughter to marry someone else. When the couple heard about this, they cried. They ran away to the mountains. But the chief and other men **came after** them.

The couple stopped to rest for a few minutes. Soon they saw the men coming after them. They had **nowhere** to **hide**. They started to **pray** to the goddess of the land. The goddess opened a **hole** in the mountain, and they ____(A)____

● ● 주요 단어와 표현

cactus 선인장 Native American 북미 원주민 자라다, 성장하다 fall in love: fell in love run away: ran away) 도망치다 rest 쉬다 -으로 변하다

14 팡초 리딩 100 ®

02 A Giant Cactus in the Desert

All desert plants can **survive** in ____(A)____ weather. How can they live without much water? The plants make their leaves small to lose **less** water. Some desert plants have big roots. One plant with huge roots is a *saguaro cactus.

The roots of a saguaro cactus grow across the desert. But they don't go **deep** under the sand. When it rains, the roots can **quickly** **take in water. A saguaro cactus can **hold** as much as 800 liters of water. The cactus uses that water during the dry season.

A saguaro cactus has big spines, so animals can't easily eat it. Instead, the cactus is a home. Birds like ***Gila woodpeckers make a hole and then a nest in the plant. When they **move out**, other animals **take over** their nests.

*saguaro cactus 사와로 선인장
**take in -을 흡수하다
***Gila woodpecker 힐라딱다구리

● ● 주요 단어와 표현

giant 거대한 desert 사막 without -없이 lose 잃다 root 뿌리 huge 거대한 across 가로질러, 건너서 sand 모래 liter 리터 during -동안 dry 건조한 season 철,기 철 spine 가시 easily 쉽게 like -와 같은, -처럼 instead (of) 대신에 woodpecker 딱따구리 nest 둥지

18 팡초 리딩 100 ®

유익하고 흥미로운 지문

● 다양한 종류의 글감으로 구성된 픽션과 논픽션 지문을 수록하였습니다.

독해력 Up 팁 하나
글을 읽기 전, 글의 내용과 관련된 사진이나 삽화를 보면서 내용을 미리 짐작해 보세요. 추측하면서 읽는 활동은 내용 파악에 도움이 됩니다.

● 핵심 단어 외에 지문에 등장하는 주요 단어와 표현을 확인할 수 있어요.

독해력 Up 팁 둘
모르는 단어가 있더라도 지문을 읽어본 다음, 그 단어의 의미를 추측해 보세요.
문장과 함께 단어의 의미를 학습하면 기억에 오래 남게 됩니다.

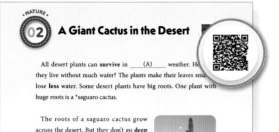

02 A Giant Cactus in the Desert

All desert plants can **survive** in ____(A)____ weather. He they live without much water? The plants make their leaves sma lose **less** water. Some desert plants have big roots. One plant with huge roots is a *saguaro cactus.

The roots of a saguaro cactus grow across the desert. But they don't go **deep** under the sand. When it rains, the roots can **quickly** **take in water. A saguaro cactus can **hold** as much as 800 liters of water. The cactus uses that water during

● QR코드를 통해 지문과 단어의 MP3 파일을 들을 수 있습니다.

독해력 Up 팁 셋
음원을 듣고 따라 읽으면서 복습해 보세요.
영어 독해에 대한 두려움은 줄고, 자신감을 쌓을 수 있어요.

구성과 특징 Components

독해 실력을 길러주는 단계별 문항 Step 1, 2, 3

Step ❶ Check Up

- 지문을 읽고 나서 내용을 잘 이해 했는지 확인해 보세요.

- 중심 생각과 세부 내용을 확인 하는 다양한 유형의 문제를 풀면 서 독해력의 기본기를 탄탄하게 쌓을 수 있어요.

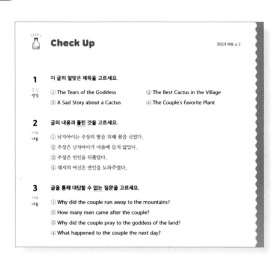

Step ❷ Build Up

글의 내용을 분류하고, 비교하고, 분석하면서 글의 구조를 정리해 보세요. 글의 순서, 원인-결과, 질문-대답 등 여러 리딩 스킬 학습을 통해 다양한 각도로 글을 이해할 수 있습니다.

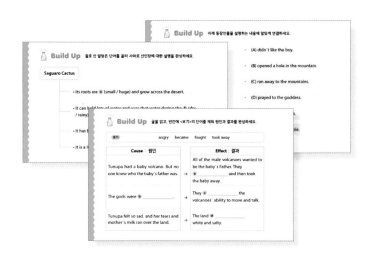

Step ❸ Sum Up

빈칸 채우기, 시간 순 정리 활동으로 글의 요약문을 완성해 보세요. 글의 흐름을 다시 한번 복습하면서 학습을 마무리할 수 있습니다.

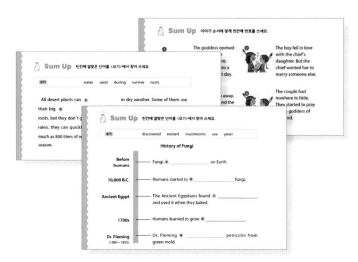

지문 속 단어 정리 및 복습

지문에 등장한 단어와 표현을 복습해요.
삽화를 통한 의미 확인, 연결 짓기, 추가 예문을 통해
단어의 의미를 한 번 더 정리합니다.

독해 학습을 완성하는 책 속 책과 별책 부록

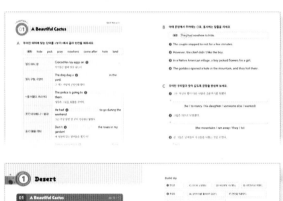

WORKBOOK

- 지문에 등장했던 핵심 단어와 표현을 확인할 수 있어요.

- 주어, 동사 찾기 연습과 단어 배열 연습 문제로 영작 연습하면서 지문 내용을 복습할 수 있습니다.

자세한 해설 및 해석 제공

- 정답의 이유를 알려주는 문제 해설, 영어의 어순으로 빠르게 해석할 수 있는 방법을 보여 주는 직독직해를 확인해 보세요.

- 혼자서 해석하기 어려운 문장을 설명해주는 문장 분석하기 코너를 활용해 보세요.

단어 암기장

- 지문에 등장했던 모든 단어와 표현을 확인할 수 있어요.

- QR코드를 통해 단어 MP3 파일을 듣고 단어 의미를 복습하면서 어휘력을 기를 수 있어요.

무료 부가서비스
www.cedubook.com

1. 단어 리스트   2. 단어 테스트   3. 직독직해 연습지
4. 영작 연습지   5. 받아쓰기 연습지   6. MP3 파일 (단어, 지문)

목차 Contents

MYTH 01

선인장의 독특한 생김새에 관한
여러 전설들이 전해 내려와요.

A Beautiful Cactus

pick (- picked)	통 (꽃을) 꺾다
come after (- came after)	~을 뒤쫓다, 따라가다
nowhere	부 어디에도 (~ 없다)
hide (- hid)	통 1 숨다 2 숨기다, 감추다
pray (- prayed)	통 기도하다
land	명 대지, 땅
hole	명 구멍, 구덩이

NATURE 02

거대한 이 선인장은 사람들에게 선인장에
대한 강한 이미지를 심어주었어요.

A Giant Cactus in the Desert

survive (- survived)	통 생존하다, 살아남다
less	형 보다 적은, 덜한 *little의 비교급
deep	부 깊이, 깊은 곳에
quickly	부 빠르게, 빨리
hold (- held)	통 담다, 수용하다
move out (- moved out)	(살던 곳에서) 나가다, 이사를 가다
take over (- took over)	넘겨받다

VOCA

MYTH 03

우유니 사막은 '세계에서 가장 큰 거울'이라고 불리지만, 이곳과 관련된 슬픈 전설이 전해져 내려와요.

The Sad Mother Volcano

area	몡 지역
female	혱 여자의, 여성의
male	혱 남자의, 남성의
take away (- took away)	뺏다, 빼앗다
ability	몡 능력
tear	몡 눈물
salty	혱 짠, 소금이 든

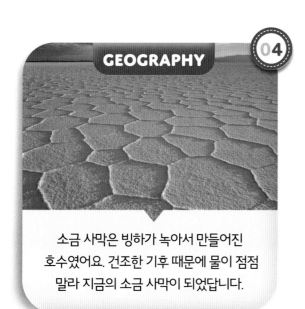

GEOGRAPHY 04

소금 사막은 빙하가 녹아서 만들어진 호수였어요. 건조한 기후 때문에 물이 점점 말라 지금의 소금 사막이 되었답니다.

The Land Full of Salt

think of (- thought of)	~을 생각하다, 머리에 떠올리다
dried-up	혱 바싹 마른
dry up (- dried up)	바싹 마르다, 말라붙다
cover (- covered)	동 덮다
ground	몡 땅, 지면
thousand	몡 천, 1,000 *thousands of 수천의, 수많은
build up (- built up)	쌓이다, 축적되다

A Beautiful Cactus

In a Native American village, a boy **picked** flowers for the beautiful daughter of the chief. The boy and the girl grew up and fell in love. However, the chief didn't like the boy. He wanted his daughter to marry someone else. When the couple heard about this, they cried. They ran away to the mountains. But the chief and other men **came after** them.

The couple stopped to rest for a few minutes. Soon they saw the men coming after them. They had **nowhere** to **hide**. They started to **pray** to the goddess of the **land**. The goddess opened a **hole** in the mountain, and they _____(A)_____ there. The next day, the couple turned into a cactus.

●● **주요 단어와 표현**

cactus 선인장   Native American 북미 원주민   village 마을   daughter 딸   chief 추장, 족장   grow up(- grew up) 자라다, 성장하다   fall in love(- fell in love) 사랑에 빠지다   marry ~와 결혼하다   else 다른   couple 연인, 남녀 한 쌍   run away(- ran away) 도망치다   rest 쉬다   for a few minutes 잠시 동안   goddess 여신   turn into(- turned into) ~으로 변하다

Check Up

1
중심
생각

이 글의 알맞은 제목을 고르세요.

① The Tears of the Goddess ② The Best Cactus in the Village

③ A Sad Story about a Cactus ④ The Couple's Favorite Plant

2
세부
내용

글의 내용과 **틀린** 것을 고르세요.

① 남자아이는 추장의 딸을 위해 꽃을 심었다.

② 추장은 남자아이가 마음에 들지 않았다.

③ 추장은 연인을 뒤쫓았다.

④ 대지의 여신은 연인을 도와주었다.

3
세부
내용

글을 통해 대답할 수 **없는** 질문을 고르세요.

① Why did the couple run away to the mountains?

② How many men came after the couple?

③ Why did the couple pray to the goddess of the land?

④ What happened to the couple the next day?

4
빈칸
추론

글의 빈칸 (A)에 들어갈 말로 가장 알맞은 것을 고르세요.

① hid   ② cried   ③ left   ④ stopped

5
중심
생각

글에 등장하는 단어로 빈칸을 채워 보세요.

The couple ran away and started to _____ⓐ_____ to the goddess of the land.
The next day, they _____ⓑ_____ into a cactus.

ⓐ: _____   ⓑ: _____

Build Up
아래 등장인물을 설명하는 내용에 알맞게 연결하세요.

• (A) didn't like the boy.

❶ The couple •

• (B) opened a hole in the mountain.

❷ The chief •

• (C) ran away to the mountains.

• (D) prayed to the goddess.

❸ The goddess of the land •

• (E) turned into a cactus.

• (F) came after the couple.

Sum Up
이야기 순서에 맞게 빈칸에 번호를 쓰세요.

 **❶** The goddess opened a hole, and the couple hid there. They turned into a cactus the next day.

 **❷** The boy fell in love with the chief's daughter. But the chief wanted her to marry someone else.

 **❸** The couple ran away, but the chief and the other men came after them.

 **❹** The couple had nowhere to hide. They started to pray to the goddess of the land.

Look Up

A 아래 그림에 알맞은 단어를 고르세요.

①

☐ turn into
☐ come after

②

☐ hole
☐ cactus

③

☐ pray
☐ marry

B 주어진 단어의 알맞은 우리말 뜻을 찾아 연결하세요.

① chief •

② nowhere •

③ grow up •

④ run away •

• 자라다, 성장하다

• 추장, 족장

• 도망치다

• 어디에도 (~ 없다)

C 우리말 해석에 맞도록 <보기>에서 알맞은 단어를 골라 빈칸에 쓰세요.

> | 보기 | hid   land   picked |
> | --- | --- |

① 우리는 정원에서 사과를 땄다.

→ We _____ apples from the garden.

② 그 아이는 침대 밑에 숨었다.

→ The kid _____ under the bed.

③ 개구리는 땅 위와 물속에서 살 수 있다.

→ Frogs can live on _____ and in water.

02 A Giant Cactus in the Desert

All desert plants can **survive** in _____(A)_____ weather. How can they live without much water? The plants make their leaves small to lose **less** water. Some desert plants have big roots. One plant with huge roots is a *saguaro cactus.

The roots of a saguaro cactus grow across the desert. But they don't go **deep** under the sand. When it rains, the roots can **quickly** **take in water. A saguaro cactus can **hold** as much as 800 liters of water. The cactus uses that water during the dry season.

A saguaro cactus has big spines, so animals can't easily eat it. Instead, the cactus is a home. Birds like ***Gila woodpeckers make a hole and then a nest in the plant. When they **move out**, other animals **take over** their nests.

*saguaro cactus 사와로 선인장
**take in ~을 흡수하다
***Gila woodpecker 힐라딱따구리

●● **주요 단어와 표현**

giant 거대한   desert 사막   without ~없이   lose 잃다   root 뿌리   huge 거대한   across 가로질러, 건너서   sand 모래
liter 리터   during ~동안   dry 건조한   season 절기, 철   spine 가시   easily 쉽게   like ~와 같은; ~처럼   instead (of)
대신에   woodpecker 딱따구리   nest 둥지

Check Up

1

중심
생각

이 글은 무엇에 대해 설명하는 내용인가요?

> 사와로 선인장의 ＿＿＿＿＿＿＿

① 물 저장 공간   ② 생존 방식

③ 사막 천적들   ④ 유용한 활용법

2

세부
내용

글의 내용과 맞는 것에는 〇표, **틀린** 것에는 ✕표 하세요.

(a) 사막 식물은 생존을 위해 잎사귀를 크게 만든다.   ＿＿＿＿＿

(b) 사와로 선인장은 큰 뿌리를 가지고 있다.   ＿＿＿＿＿

(c) 동물들은 사와로 선인장을 쉽게 먹을 수 없다.   ＿＿＿＿＿

3

빈칸
추론

글의 빈칸 (A)에 들어갈 말로 가장 알맞은 것을 고르세요.

① wet   ② dry   ③ cloudy   ④ sunny

4

세부
내용

사와로 선인장에 대해 글에 **없는** 내용을 고르세요.

① 뿌리의 특징   ② 저장할 수 있는 물의 양

③ 가시의 길이   ④ 만들어진 구멍의 용도

5

세부
내용

글에 등장하는 단어로 빈칸을 채워 보세요.

> A saguaro cactus has big ＿＿＿ⓐ＿＿＿, but they don't go ＿＿＿ⓑ＿＿＿ under the sand.

ⓐ: ＿＿＿＿＿＿＿   ⓑ: ＿＿＿＿＿＿＿

Build Up
괄호 안의 알맞은 단어를 골라 사와로 선인장에 대한 설명을 완성하세요.

> **Saguaro Cactus**
>
> - Its roots are ⓐ (small / huge) and grow across the desert.
>
> - It can hold lots of water and uses that water during the ⓑ (dry / rainy) season.
>
> - It has big ⓒ (leaves / spines), so animals can't easily eat it.
>
> - It is a ⓓ (home / food) for some animals.

Sum Up
빈칸에 알맞은 단어를 <보기>에서 찾아 쓰세요.

보기	water sand during survive roots

All desert plants can ⓐ _____ in dry weather. Some of them use their big ⓑ _____ and save water. The saguaro cactus has huge roots, but they don't go actually deep under the ⓒ _____ . When it rains, they can quickly take in ⓓ _____ . The cactus can hold as much as 800 liters of water. It later uses that water ⓔ _____ the dry season.

Look Up

A 아래 그림에 알맞은 단어를 고르세요.

❶

☐ sand
☐ spine

❷

☐ less
☐ huge

❸

☐ nest
☐ root

B 주어진 단어의 알맞은 우리말 뜻을 찾아 연결하세요.

❶ instead •

❷ move out •

❸ giant •

❹ take over •

• 넘겨받다

• 거대한

• 나가다, 이사를 가다

• 대신에

C 우리말 해석에 맞도록 <보기>에서 알맞은 단어를 골라 빈칸에 쓰세요.

> **보기**   survive   less   deep

❶ 어린 아이들은 설탕을 덜 먹어야 한다.

→ Young children need to eat _____ sugar.

❷ 인삼은 산 속 깊이 자란다.

→ Ginseng grows _____ in the mountains.

❸ 이 새는 겨울에 살아남지 못할 것이다.

→ This bird won't _____ the winter.

The Sad Mother Volcano

A long time ago, the volcanoes moved and talked like humans. In their desert **area**, there was only one **female** volcano. Her name was Tunupa. One day, she had a baby volcano, but no one knew who the baby's father was. All of the **male** volcanoes wanted to be the baby's father. All night they fought. In the end, they **took** the baby volcano **away** and hid him.

When the gods heard about this, they were angry. They took away the volcanoes' **ability** to move and talk. Like other volcanoes, Tunupa couldn't move or talk at all. She cried _____(A)_____ she couldn't find her baby. Her **tears** and mother's milk ran over the land. The land became white and **salty** because of Tunupa.

● ● **주요 단어와 표현**

volcano 화산 move(- moved) 움직이다 talk(- talked) 말하다 human 인간 have(- had) (아기를) 낳다 know(- knew) 알다 all night 밤새도록 fight(- fought) 싸우다 in the end 결국 not ~ at all 전혀 ~ 아닌 mother's milk 모유
run over(- ran over) ~ 위에 흐르다

Check Up

1

중심
생각

이 글의 알맞은 제목을 고르세요.

① Tunupa와 신들의 싸움　　　　　② 아빠 화산의 정체

③ 아이를 잃은 Tunupa의 슬픔　　　④ 길 잃은 아기 화산의 눈물

2

세부
내용

Tunupa에 대해 글의 내용과 **틀린** 것을 고르세요.

① 유일한 여자 화산이었다.

② 아기 화산을 낳았다.

③ 남자 화산들에게 아이를 빼앗겼다.

④ 신들의 도움으로 말하는 능력을 되찾았다.

3

빈칸
추론

글의 빈칸 (A)에 들어갈 단어로 가장 알맞은 것을 고르세요.

① so　　　　　② if　　　　　③ when　　　　　④ because

4

세부
내용

글을 통해 대답할 수 있는 질문을 고르세요.

① How could the volcanoes talk like humans?

② Where did the male volcanoes hide the baby?

③ Why didn't the gods know about the baby's father?

④ How did Tunupa make the land white and salty?

5

중심
생각

글에 등장하는 단어로 빈칸을 채워 보세요.

Tunupa couldn't find her baby because she lost the _____ⓐ_____ to move

and talk. Her tears and mother's milk made the land white and _____ⓑ_____.

ⓐ: _____　　　　　ⓑ: _____

Build Up   글을 읽고, 빈칸에 <보기>의 단어를 채워 원인과 결과를 완성하세요.

보기	angry became fought took away

Cause | 원인		**Effect** | 결과
Tunupa had a baby volcano. But no one knew who the baby's father was.	→	All of the male volcanoes wanted to be the baby's father. They **a** _____ and then took the baby away.
The gods were **b** _____.	→	They **c** _____ the volcanoes' ability to move and talk.
Tunupa felt so sad, and her tears and mother's milk ran over the land.	→	The land **d** _____ white and salty.

Sum Up   빈칸에 알맞은 단어를 <보기>에서 찾아 쓰세요.

보기	ability male hid female tears

A long time ago, a **a** _____ volcano, Tunupa, had a baby. But the **b** _____ volcanoes took the baby away and **c** _____ him. This made the gods angry, so they took away the volcanoes' **d** _____ to move and talk. The female volcano couldn't find her baby. Her **e** _____ and mother's milk ran over the land. It made the land white and salty.

A 아래 그림에 알맞은 단어를 고르세요.

①

☐ male
☐ female

②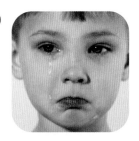

☐ tear
☐ land

③

☐ human
☐ volcano

B 주어진 단어의 알맞은 우리말 뜻을 찾아 연결하세요.

① salty •   • 싸우다

② run over •   • 짠, 소금이 든

③ fight •   • ~ 위에 흐르다

④ area •   • 지역

C 우리말 해석에 맞도록 <보기>에서 알맞은 단어를 골라 빈칸에 쓰세요.

보기	ability	took away	male

① 수탉은 수컷이어서 알을 낳지 못한다.

→ A rooster is _____, and it can't lay eggs.

② 일부 동물들은 자신의 몸 색깔을 바꿀 수 있는 능력이 있다.

→ Some animals have the _____ to change their body color.

③ 선생님은 Eric의 휴대전화를 빼앗으셨다.

→ The teacher _____ Eric's cellphone.

The Land Full of Salt

What comes to your mind when you **think of** a desert? A hot and dry place with yellow sand may come first. _____(A)_____, not all deserts are hot and have yellow sand. A salt desert is a **dried-up** desert lake. Some people call it a *salt flat. Instead of yellow sand, salt and other minerals **cover** the **ground**.

In salt deserts, water quickly **dries up**. When the water dries up, salt stays on the surface of the ground. Over **thousands of** years, the salt **builds up** on the surface. The world's largest salt desert, the Salar de Uyuni, is in Bolivia. You can also find other salt deserts in the Sahara Desert and in the central deserts of Australia.

*salt flat 솔트 플랫 ((바닷물의 증발로 침전된 염분으로 뒤덮인 평지))

● ● ▶ 주요 단어와 표현

full of ~로 가득 찬   come to one's mind 머리에 떠오르다, 생각나다   place 장소, 곳   may ~할지도 모른다   first 우선, 먼저   salt 소금   lake 호수   call ~라고 부르다   mineral 광물   quickly 빠르게   stay 남다   surface 표면   over ~ 동안   large 큰, 넓은   Bolivia 볼리비아   the Sahara Desert 사하라 사막   central 중앙의, 중심의   Australia 호주

Check Up

1

중심
생각

이 글의 알맞은 제목을 고르세요.

① The Special Deserts: Salt Deserts

② The Best Place to Travel in Bolivia

③ The Yellow Salt from the Salt Deserts

④ The Importance of Salt in the World

2

세부
내용

글의 내용과 <u>틀린</u> 것을 고르세요.

① 소금 사막은 바싹 마른 사막 호수이다.

② 소금 사막의 또 다른 이름은 솔트 플랫이다.

③ 소금 사막은 소금으로만 이루어져 있다.

④ 볼리비아의 소금 사막은 세계에서 제일 크다.

3

빈칸
추론

글의 빈칸 (A)에 들어갈 말로 가장 알맞은 것을 고르세요.

① Also   ② Then   ③ However   ④ Instead

4

중심
생각

글에 등장하는 단어로 빈칸을 채워 보세요.

> In salt deserts, salt and other minerals _____ⓐ_____ the ground. When the water dries up, _____ⓑ_____ stays on the surface of the ground.

ⓐ: _____   ⓑ: _____

STEP 2

Build Up 주어진 질문에 알맞은 대답을 연결하세요.

Question | 질문   **Answer** | 대답

1 What is a salt desert?

(A) Instead of yellow sand, salt and other minerals cover the ground.

2 How is a salt desert different from other deserts?

(B) The world's largest one is in Bolivia. Others are in the Sahara Desert and Australia.

3 Where can we find a salt desert?

(C) It is a dried-up desert lake. Some people call it a salt flat.

STEP 3

Sum Up 빈칸에 알맞은 단어를 <보기>에서 찾아 쓰세요.

보기   ground   dried-up   salt   largest   dries up

The Salar de Uyuni in Bolivia is the world's **a** _____ salt desert.
A salt desert is a **b** _____ desert lake. It's different from other
deserts with yellow sand because salt and other minerals cover the
c _____ . Water quickly **d** _____ in salt deserts. When
the water dries up, **e** _____ stays on the surface.

A 아래 그림에 알맞은 단어를 고르세요.

 ❶

☐ call
☐ cover

 ❷

☐ salt
☐ lake

 ❸

☐ dry up
☐ build up

B 주어진 단어의 알맞은 우리말 뜻을 찾아 연결하세요.

❶ central · · 천, 1000

❷ dried-up · · 표면

❸ surface · · 바싹 마른

❹ thousand · · 중앙의, 중심의

C 우리말 해석에 맞도록 <보기>에서 알맞은 단어를 골라 빈칸에 쓰세요.

> 보기　　　　　　covered　　　think of　　　ground

❶ 나뭇잎들이 땅으로 떨어지고 있다.

→ Leaves are falling on the _____.

❷ 당신이 핼러윈을 생각할 때, 주황색이 머리에 떠오를지도 모른다.

→ When you _____ Halloween, orange may come to your mind.

❸ 하얀 눈이 우리 집을 덮었다.

→ The white snow _____ my house.

Fungi

SCIENCE 01

스스로 양분을 만들지 못하고
다른 생물체에 기생하여 사는 곰팡이,
버섯 등을 균류라고 해요.

Come and Find Me!

grow (- grew)	통 1 자라다
	2 재배하다, 기르다
humid	형 습한, 습기 있는
place	명 곳, 장소
take a close look (- took a close look)	자세히 보다, 주의 깊게 보다
rise (- rose)	통 (빵 등이) 부풀다, 부풀어 오르다
everywhere	부 어디에나
horrible	형 무서운, 끔찍한

HISTORY 02

균류는 우리의 생활에서 다방면으로
사용돼요. 우리는 언제부터 어떻게 균류를
사용하기 시작했을까요?

Old Friends of Humans

exist (- existed)	통 존재하다
discover (- discovered)	통 발견하다
type	명 종류, 유형 *a type of 일종의
light	형 가벼운
taste (- tasted)	통 1 (~한) 맛이 나다
	2 ~을 맛보다
learn (- learned)	통 배우다, 익히다, 알게 되다
business	명 사업
save (- saved)	통 (생명을) 구하다

LITERATURE 03

숲 속 깊은 곳에 가면, 다양한 생김새를
가진 여러 버섯들을 볼 수 있어요.

A Day in the Woods

look for (- looked for)	~을 찾다, 구하다
take a photo (- took a photo)	사진을 찍다 *take a photo of ~의 사진을 찍다
look in (- looked in)	들여다보다
step on (- stepped on)	~을 밟다
bad	형 안 좋은, 나쁜 *feel bad 미안한 기분이 들다
hurt (- hurt)	동 다치게 하다
seed	명 씨앗

NATURE 04

독버섯의 독극물은 사람에게 해롭고
위험해요. 하지만 여러 잘못된 오해로 인해,
사고가 종종 일어난다고 해요.

Poison in Nature

wild	형 야생의 명 야생
belief	명 믿음, 신념
myth	명 근거 없는 믿음
bright	형 밝은
fact	명 사실
turn (- turned)	동 1 (~한 상태로) 되게 하다 2 돌다, 돌리다
remove (- removed)	동 제거하다

01 Come and Find Me!

Hello, I am a *fungus. There are many of us, *fungi, around you. We can be mushrooms, mold, or yeast. Mushrooms **grow** in dark, cool, and **humid places**. So you may find some under a tree. Then **take a close look** at the tree. You may also find something green on it. That's mold.

We live inside your house, too. Think of dark, cool, and humid places like the basement or the bathroom. Can you see something dark on your shower curtains? That's also mold.

We are also in foods like _____(A)_____. Yeast makes dough **rise**, and when you bake the dough, it becomes delicious and soft _____(B)_____. But that's not all. We can also make great cheese and yogurt.

As you can see, we are **everywhere**. We aren't **horrible**. Some of us actually want to be your friends.

*fungus 균류 ((복수형 fungi))

●● **주요 단어와 표현**

find(- found) 찾다   around ~주변에   mushroom 버섯   mold 곰팡이   yeast 효모(균)   inside ~의 안에   think of ~을 생각하다   dark 어두운; 검은   cool 서늘한   basement 지하실   bathroom 욕실   shower curtain 샤워 커튼   dough 밀가루 반죽   bake 굽다   delicious 맛있는   soft 부드러운   great 훌륭한, 우수한   yogurt 요구르트   actually 사실은

Check Up

1 이 글의 'we'에 해당하지 <u>않는</u> 것을 고르세요.

중심
생각

① 버섯   ② 곰팡이   ③ 치즈   ④ 효모

2 글의 내용과 **틀린** 것을 고르세요.

세부
내용

① 우리 주변에서 균류를 찾아볼 수 있다.

② 버섯은 어둡고 습한 곳에서 자란다.

③ 나무에서 자라는 균류는 검은색이다.

④ 치즈나 요거트를 만들 때 균류가 사용된다.

3 균류를 찾아볼 수 있는 곳이 <u>아닌</u> 것을 고르세요.

세부
내용

① 창가처럼 해가 잘 드는 곳   ② 지하실처럼 습한 곳

③ 화장실처럼 축축한 곳   ④ 나무 아래처럼 서늘한 곳

4 글의 빈칸 (A)와 (B)에 공통으로 들어갈 말로 가장 알맞은 것을 고르세요.

빈칸
추론

① juice   ② salad   ③ bread   ④ steak

5 글에 등장하는 단어로 빈칸을 채워 보세요.

중심
생각

> Fungi can be mushrooms, _____ⓐ_____, or yeast. We can find them _____ⓑ_____.

ⓐ: _____   ⓑ: _____

Build Up   주어진 질문에 알맞은 대답을 연결하세요.

Question | 질문   **Answer** | 대답

1 What are fungi?

(A) People use them to make bread and cheese.

2 Where can we find fungi?

(B) They can be mushrooms, mold, or yeast.

3 How do people use fungi?

(C) They like dark, cool, and humid places like under a tree. They are also in foods.

Sum Up   빈칸에 알맞은 단어를 <보기>에서 찾아 쓰세요.

보기   house   grow   humid   foods   everywhere

Fungi are **a**   around us. They can be mushrooms, mold, or yeast. Mushrooms usually **b**   under a tree because it's dark, cool, and **c**   there. There are fungi inside your **d**   , too. You can find them in the basement or the bathroom. Sometimes they are in **e**   like bread and cheese.

A 아래 그림에 알맞은 단어를 고르세요.

❶  ❷  ❸

☐ yogurt   ☐ basement   ☐ mold
☐ dough   ☐ bathroom   ☐ mushroom

B 주어진 단어의 알맞은 우리말 뜻을 찾아 연결하세요.

❶ humid   •   • 곳, 장소

❷ place   •   • (빵 등이) 부풀다

❸ rise   •   • 자세히 보다

❹ take a close look   •   • 습한

C 우리말 해석에 맞도록 <보기>에서 알맞은 단어를 골라 빈칸에 쓰세요.

| 보기 | horrible   everywhere   grow |

❶ 나의 개는 나를 어디에나 따라다닌다.

→ My dog follows me   .

❷ 식물은 물 없이 자랄 수 없다.

→ The plants can't   without water.

❸ 어젯밤에 나는 무서운 꿈을 꾸었다.

→ Last night, I had a   dream.

Old Friends of Humans

Fungi **existed** on Earth before humans. Humans first started to use fungi in 10,000 B.C. They **discovered** various ways to use them.

The ancient Egyptians ate flatbread. Later, they found yeast, **a type of** fungi, and used it when they baked. Yeast made their bread **light** and airy. It also made the bread **taste** better than flatbread.

The ancient Aztecs and Egyptians ate fungi, but didn't grow them. In the 1700s, humans **learned** to grow mushrooms. Many caves around Paris had perfect growing conditions for mushrooms. Over the next 200 years, growing mushrooms became "big **business**."

People used some ____(A)____ in medicine. Dr. Fleming discovered *penicillin from **green mold. The penicillin **saved** millions of lives.

*penicillin 페니실린 ((세균에 의한 감염을 치료하는 항생제))
**green mold 푸른곰팡이 ((빵이나 떡과 같은 곳에 생기는 청록, 초록, 갈색 등의 색 곰팡이))

●● **주요 단어와 표현**

human 인류   Earth 지구   first 처음으로   B.C. 기원전   various 다양한   way 방법   ancient 고대의   Egyptian 이집트인   flatbread 플랫브레드(납작한 빵)   airy 폭신한, 가벼운   Aztec 아즈텍 족   cave 동굴   perfect 완벽한   growing conditions 재배 환경   over ~ 동안, ~ 중   medicine 약   millions of 수백만의 ~   life 생명

1

중심
생각

이 글은 무엇에 대해 설명하는 내용인가요?

① 최초의 균류 사업

② 음식에 사용되는 균류

③ 균류 사용의 역사

④ 인류의 질병과의 싸움

2

세부
내용

글의 내용과 맞는 것에는 ○표, 틀린 것에는 ✕표 하세요.

(a) 균류는 인류와 함께 생겨났다. _____

(b) 고대 아즈텍인들은 플랫브레드를 먹었다. _____

(c) 1700년대에 시작된 버섯 재배는 이후 큰 사업으로 발전했다. _____

3

세부
내용

효모에 대해 글의 내용과 **틀린** 것을 고르세요.

① 고대 이집트인들이 발견했다.

② 빵의 맛을 더 좋게 만든다.

③ 빵을 가볍게 만든다.

④ 빵을 더 납작하게 만든다.

4

빈칸
추론

글의 빈칸 (A)에 들어갈 말로 가장 알맞은 것을 고르세요.

① mold

② yeast

③ caves

④ mushrooms

5

중심
생각

글에 등장하는 단어로 빈칸을 채워 보세요.

Fungi _____ⓐ_____ on Earth before humans, and humans discovered various _____ⓑ_____ to use them.

ⓐ: _____

ⓑ: _____

Build Up   각 균류에 알맞은 설명을 연결하세요.

1 Yeast

2 Mushrooms

3 Mold

(A) Many caves around Paris had perfect growing conditions for them.

(B) It makes bread light and airy. It also makes bread taste better.

(C) People use it in medicine. It can save lives.

Sum Up   빈칸에 알맞은 단어를 <보기>에서 찾아 쓰세요.

보기   discovered   existed   mushrooms   use   yeast

History of Fungi

Before humans —— Fungi **a** _____ on Earth.

10,000 B.C. —— Humans started to **b** _____ fungi.

Ancient Egypt —— The Ancient Egyptians found **c** _____ and used it when they baked.

1700s —— Humans learned to grow **d** _____.

Dr. Fleming (1881~1955) —— Dr. Fleming **e** _____ penicillin from green mold.

A 아래 그림에 알맞은 단어를 고르세요.

 ❶    ❷    ❸

☐ save   ☐ light   ☐ medicine

☐ discover   ☐ perfect   ☐ business

B 주어진 단어의 알맞은 우리말 뜻을 찾아 연결하세요.

❶ ancient •   • 종류

❷ learn •   • 배우다, 익히다

❸ type •   • 다양한

❹ various •   • 고대의

C 우리말 해석에 맞도록 <보기>에서 알맞은 단어를 골라 빈칸에 쓰세요.

보기	saved	exist	tastes

❶ 이 복숭아는 정말 단 맛이 난다.

→ This peach _____ really sweet.

❷ 당신은 유령이 존재한다고 믿나요?

→ Do you believe ghosts _____ ?

❸ 저 소방관이 제 딸을 구해주셨어요.

→ That firefighter _____ my daughter.

03 A Day in the Woods

Mom and I sometimes **look for** mushrooms together in the woods. Mom often takes some to her work and studies them. I **take photos of** them. When I come home, I **look in** books and try to identify them all.

One day, we were in the woods. When I was walking toward an old tree, I **stepped on** something. I looked down and saw little round white balls around my foot. Mom came and looked. She said, "Oh, you found *puffballs! They are interesting mushrooms."

Then I started to feel **bad**. I thought I **hurt** them. Mom said, "Don't worry. Puffballs like it when you step on them. It makes their **spores go everywhere!" Spores are like **seeds** for mushrooms. I actually helped ⓐ them grow more! I felt better. Then I _____ (A) more puffballs. It was very fun.

*puffball 말불버섯
**spore 홀씨, 포자

●● **주요 단어와 표현**

woods 숲   sometimes 가끔, 때때로 *often 종종, 자주   work 직장   study(- studied) 연구하다   identify 알아보다, 확인하다   toward ~을 향하여, 쪽으로   look down(- looked down) 내려다보다   round 둥근   ball 덩어리
interesting 흥미로운

Check Up

정답과 해설 p.18

1 이 글의 알맞은 제목을 고르세요.

중심
생각

① A Book about Puffballs

② White Balls under an Old Tree

③ Different Mushrooms in the World

④ An Interesting Study on the Woods

2 글의 내용과 맞는 것에는 ○표, 틀린 것에는 ✕표 하세요.

세부
내용

(a) 글쓴이 'I'와 엄마는 가끔 숲속에 간다. _____

(b) 집에 오면 글쓴이 'I'는 버섯과 관련된 책을 본다. _____

(c) 엄마는 우연히 말불버섯을 발견했다. _____

3 밑줄 친 ⓐ them이 가리키는 것을 글에서 찾아 쓰세요.(1단어)

세부
내용

_____

4 글을 읽고 대답할 수 없는 질문을 고르세요.

세부
내용

① What do puffballs look like?

② Why did the writer feel bad?

③ How do puffballs grow more?

④ How do puffballs make spores?

5 글의 빈칸 (A)에 들어갈 말로 가장 알맞은 것을 고르세요.

빈칸
추론

① studied　　　　　② looked in

③ stepped on　　　　④ took photos of

Build Up   주어진 질문에 알맞은 대답을 연결하세요.

Question ｜ 질문	Answer ｜ 대답

1 What are puffballs?

2 What do puffballs look like?

3 Where can you find puffballs?

4 How do puffballs grow more?

(A) When somebody steps on them, it makes their spores go everywhere.

(B) They are a type of mushrooms.

(C) They look like little round white balls.

(D) They live under old trees in the woods.

STEP 3

Sum Up   이야기 순서에 맞게 빈칸에 번호를 쓰세요.

1  I felt bad that I stepped on them. I thought I hurt them.

2  Mom said that I actually helped them. I felt better and stepped on more.

3  Mom came and told me that I stepped on puffballs.

4  I stepped on little white balls when I was walking toward an old tree.

□ → □ → □ → □

Look Up

A 아래 그림에 알맞은 단어를 고르세요.

1
- ☐ seed
- ☐ woods

2
- ☐ step on
- ☐ identify

3
- ☐ look for
- ☐ take a photo

B 주어진 단어의 알맞은 우리말 뜻을 찾아 연결하세요.

1 round • • 종종

2 work • • 둥근

3 often • • 들여다보다

4 look in • • 직장

C 우리말 해석에 맞도록 <보기>에서 알맞은 단어를 골라 빈칸에 쓰세요.

보기	hurt	seeds	bad

1 바람은 씨앗들을 다른 곳들로 옮긴다.

→ The wind moves the _____ to different places.

2 조심해! 저 개는 너를 다치게 할 수 있어!

→ Watch out! That dog could _____ you!

3 나는 내 친구에게 거짓말을 해 미안한 기분이 들었다.

→ I felt _____ about lying to my friend.

04 Poison in Nature

Every year, people get sick from **wild** mushrooms. People can get stomachaches or even die from mushroom poisoning. There are also some wrong **beliefs** about wild mushrooms.

Myth: "Poisonous mushrooms always have **bright** colors."
Fact: Some poisonous mushrooms, like *death caps, are white or brown.

Myth: "Silver **turns** poisonous mushrooms dark."
Fact: All mushrooms become _____(A)_____ when you damage them.

Myth: "Poisonous mushrooms smell and taste bad."
Fact: Some people say they taste good.

Myth: "Cooking will make any mushrooms safe."
Fact: Heat cannot **remove** **fungal poison.

You cannot tell the difference between poisonous mushrooms and safe ones. You must have a full understanding of wild mushrooms. If you don't, do not touch any in the wild.

*death cap 알광대버섯
**fungal 균류[곰팡이]에 의한

● ● 주요 단어와 표현

poison 독 *poisoning 중독 poisonous 독이 있는   sick 아픈   stomachache 복통   even 심지어   die from ~으로 죽다   wrong 잘못된   silver 은   damage 손상을 주다   smell 냄새가 나다   cook 조리하다   safe 안전한   heat 열   tell the difference (차이를) 구별하다   must ~해야 한다   have a full understanding 완전히 이해하다   touch 만지다   any 아무것도

Check Up

정답과 해설 p.22

1

중심
생각

이 글은 무엇에 대해 설명하는 내용인가요?

① 독버섯과 식용 버섯의 차이점

② 야생에서 독버섯을 찾는 방법

③ 독버섯의 다양한 종류와 위험성

④ 독버섯에 대한 잘못된 믿음과 사실

2

세부
내용

글의 내용과 맞는 것에는 ○표, **틀린** 것에는 ✕표 하세요.

(a) 사람은 버섯 중독으로 죽을 수도 있다.   _____

(b) 독버섯과 식용 버섯은 구별하기 쉽다.   _____

(c) 야생에서는 함부로 버섯을 만지면 안 된다.   _____

3

빈칸
추론

글의 빈칸 (A)에 들어갈 말로 가장 알맞은 것을 고르세요.

① bad   ② dark   ③ bright   ④ poisonous

4

세부
내용

다음 중 독버섯에 대한 사실을 **모두** 고르세요.

① 일부는 흰색이거나 갈색이다.

② 은으로 쉽게 구별할 수 있다.

③ 고약한 냄새가 나거나 맛이 없다.

④ 열로도 독을 제거할 수 없다.

5

중심
생각

글에 등장하는 단어로 빈칸을 채워 보세요.

There are wrong _____ ⓐ _____ about wild mushrooms. If you don't have a full understanding of wild mushrooms, do not _____ ⓑ _____ any in the wild.

ⓐ: _____   ⓑ: _____

Build Up 독버섯에 대한 근거 없는 믿음은 Myth에, 사실은 Fact에 ✓표시를 하세요.

Myths and Facts about Poisonous Mushrooms

❶ They always have bright colors.　　　　　　　　　□ Myth □ Fact

❷ Heat cannot remove fungal poison.　　　　　　　□ Myth □ Fact

❸ They smell and taste bad.　　　　　　　　　　　□ Myth □ Fact

❹ Some of them are white or brown.　　　　　　　□ Myth □ Fact

❺ Silver turns them dark.　　　　　　　　　　　　□ Myth □ Fact

❻ Cooking will make them safe.　　　　　　　　　　□ Myth □ Fact

❼ All mushrooms become dark when you damage them.　□ Myth □ Fact

Sum Up 빈칸에 알맞은 단어를 <보기>에서 찾아 쓰세요.

보기	touch　　safe　　poisoning　　wrong

People can get sick or even die from mushroom　ⓐ　　　　　. Most people cannot tell the difference between poisonous mushrooms and ⓑ　　　　　ones. They also have some　ⓒ　　　　beliefs about wild mushrooms. So if you don't have a full understanding of wild mushrooms, do not　ⓓ　　　　　any of them.

A 아래 그림에 알맞은 단어를 고르세요.

 ❶

 ❷

 ❸

☐ touch   ☐ dark   ☐ heat

☐ damage   ☐ bright   ☐ silver

B 주어진 단어의 알맞은 우리말 뜻을 찾아 연결하세요.

❶ safe   •   • 믿음

❷ belief   •   • 근거 없는 믿음

❸ fact   •   • 안전한

❹ myth   •   • 사실

C 우리말 해석에 맞도록 <보기>에서 알맞은 단어를 골라 빈칸에 쓰세요.

보기	remove	wild	turned

❶ 우리는 야생 동물을 보호해야 한다.

→ We should protect _____ animals.

❷ 사과를 반으로 잘라서 그것의 씨를 제거해라.

→ Cut the apple in half and _____ its seeds.

❸ 계절의 변화는 나뭇잎을 빨갛고 노랗게 했다.

→ The change of season _____ the leaves red and yellow.

Soul Culture

ORIGIN 01

'솔 푸드'는 자신만의 추억을 간직한 음식을 가리킬 때 쓰이기도 하지만, 원래는 미국 남부의 전통 음식을 의미해요.

Soul Food

common	형 흔한
fight for (- fought for)	~을 얻기 위해 싸우다
describe (- described)	동 묘사하다, 말하다
culture	명 문화
root	명 1 뿌리, 기원 2 (식물의) 뿌리
traditional	형 전통의
fry (- fried)	동 (기름에) 튀기다
fried	형 (기름에) 튀긴, 튀겨진

FOOD 02

솔 푸드 중에서 허시 퍼피스라는 요리는 옥수숫가루, 우유, 양파 등으로 만들어진 음식이에요.

Hush Puppies

shocked	형 깜짝 놀란, 충격을 받은
answer (- answered)	동 대답하다
round	형 동그란, 둥근
dish	명 음식, 요리
a few	여러, 몇몇의
throw (- threw)	동 던지다
bark (- barked)	동 (개·여우 등이) 짖다

HISTORY 03

150여 년 전 텍사스 주에서 마지막 흑인 노예가 해방되었어요. 사람들은 이 날을 준틴스(Juneteenth)라 부르며 기념하기 시작했어요.

A Special Day in June

upset	형 속상한, 마음이 상한
celebration	명 기념 행사, 축하 행사
celebrate (- celebrated)	동 기념하다, 축하하다
hour	명 시간
freedom	명 자유
free	형 자유로운
cheer (- cheered)	동 환호하다, 환호성을 지르다
remember (- remembered)	동 기억하다

PEOPLE 04

백인의 노예로 살아가며 잃어버렸던 흑인들의 정체성을 되찾고, 그것을 세상에 표현한다는 강한 정신이 깃든 음악이 있어요.

Ray Charles

mix (- mixed)	동 섞다, 혼합하다
create (- created)	동 만들어 내다
blind	형 눈이 먼, 맹인인
perform (- performed)	동 연주하다, 공연하다
similar	형 비슷한, 유사한 *similar to ~와 비슷한
blend (- blended)	동 섞다, 혼합하다
success	명 성공, 성과

01 Soul Food

"Soul food" wasn't **common** until the 1960s. At that time, many African Americans in the southern U.S. **fought for** their *civil rights. They started to use the word "soul" to **describe** their **culture**. Soul music, soul brothers, and soul food are examples of this.

Soul food has its **roots** in African slavery. The slaves kept their **traditional** African recipes. The food comforted them _____(A)_____ it tasted like food from their homes. The slaves were given cornmeal and pork every week. They needed a high-calorie diet for working long days. So they **fried** foods like fish with cornmeal and added meat to vegetables. Over time, these recipes became soul food — cornbread, **fried** chicken, hush puppies, and buttermilk biscuits.

*civil rights 시민권 ((성별·인종·종교에 상관없이 모든 사회 구성원들에게 평등하게 부여되는 권리))

● ● **주요 단어와 표현**

until ~까지   African American 아프리카계 미국인   southern 남부의   example 예, 사례   slave 노예   *slavery 노예
제도   keep(- kept) 간직하다, 보존하다   recipe 조리법   comfort(- comforted) 위로하다   were[was] given 주어졌다
cornmeal 옥수숫가루   pork 돼지고기   high-calorie diet 열량이 높은 식사   work(- worked) 일하다, 작업하다   add
(- added) 추가하다   over time 시간이 흐르면서

Check Up

정답과 해설 p.26

1

중심
생각

이 글은 무엇에 대해 설명하는 내용인가요?

① 노예 해방의 역사

② 시민권을 찾기 위한 노력

③ 미국 남부의 대표 음식

④ 미국 남부 흑인들의 전통 음식의 기원

2

세부
내용

글의 내용과 맞는 것에는 ○표, **틀린** 것에는 ✕표 하세요.

(a) 솔 푸드는 1960년대 이전까지 매우 유행했다.   _____

(b) 미국 북부의 문화를 묘사하기 위해 'soul'이라는 단어를 사용했다.   _____

(c) 솔 푸드는 아프리카 노예제도에 뿌리를 두었다.   _____

3

세부
내용

글을 읽고 대답할 수 <u>없는</u> 질문을 고르세요.

① What did the slaves get every week?

② How many calories does soul food have?

③ Why did the slaves start to fry food?

④ What are the examples of soul food?

4

빈칸
추론

글의 빈칸 (A)에 들어갈 말로 가장 알맞은 것을 고르세요.

① so   ② but   ③ when   ④ because

5

중심
생각

글에 등장하는 단어로 빈칸을 채워 보세요.

African slaves _____ⓐ_____ their traditional recipes. They _____ⓑ_____ foods and added meat to vegetables.

ⓐ: _____   ⓑ: _____

Build Up 아래 상자를 알맞게 연결하여 문장을 완성하세요.

1 Slaves fried foods and added meat to vegetables

2 Slaves had to work long hours

3 Soul food comforted the slaves

(A) so they needed a high-calorie diet.

(B) because it tasted like food from their homes.

(C) and over time, these recipes became soul food.

Sum Up 빈칸에 알맞은 단어를 <보기>에서 찾아 쓰세요.

보기   recipes   kept   added   describe

African Americans used the word "soul" to **a** _____ their culture. Soul food is an example of this. Many slaves **b** _____ their traditional African recipes. They fried foods like fish with cornmeal and **c** _____ meat to vegetables. Over time, these **d** _____ became soul food.

Look Up

A 아래 그림에 알맞은 단어를 고르세요.

①
- ☐ fry
- ☐ keep

②
- ☐ add
- ☐ work

③
- ☐ describe
- ☐ fight for

B 주어진 단어의 알맞은 우리말 뜻을 찾아 연결하세요.

① slavery   •   • 위로하다

② culture   •   • 노예제도

③ comfort   •   • 뿌리, 기원

④ root   •   • 문화

C 우리말 해석에 맞도록 <보기>에서 알맞은 단어를 골라 빈칸에 쓰세요.

> **보기**　　　common　　describe　　traditional

① 한복은 전통 한국 의상이다.

→ Hanbok is _____ Korean clothing.

② Paul은 흔한 영어 이름이다.

→ Paul is a _____ English name.

③ 그 남자를 내게 묘사해줄 수 있나요?

→ Can you _____ the man to me?

Hush Puppies

When I came home, Grandma was in the kitchen. She smiled and said, "Come in and help me make hush puppies." At first, I was **shocked** and asked, "What puppies?" Grandma smiled and **answered**, "Hush puppies are made from cornmeal. They are small, fried, **round** balls. ⓐ They are a popular southern American **dish**."

I was relieved. But I was still curious and asked Grandma about ⓑ them. "Why are ⓒ they called hush puppies?" She answered, "Well, there are **a few** stories about that. In one story, people **threw** fried round balls at dogs when ⓓ they were **barking**. Then the dogs ____(A)____ barking. So people said that the fried round balls 'hushed' the dogs!"

●● **주요 단어와 표현**

smile(- smiled) 웃다, 미소 짓다   come in 들어오다   puppy 강아지   at first 처음에는   are[is] made from ~로 만들어지다   ball (공 모양의) 덩어리, 뭉치   popular 인기 있는   relieved 안심하는   still 여전히   curious 궁금한   are[is] called ~라고 불리다   hush(- hushed) ~을 조용히 시키다

Check Up

1
중심
생각

글쓴이 'I'의 감정 변화로 가장 알맞은 것을 고르세요.

① 화난 → 지루한

② 우울한 → 즐거운

③ 놀란 → 안심하는

④ 안심하는 → 지루한

2
세부
내용

허시 퍼피스에 대해 글의 내용과 <u>틀린</u> 것을 고르세요.

① 옥수숫가루로 만들어졌다.

② 기름에 튀긴 작고 납작한 모양의 음식이다.

③ 인기 있는 미국 남부 음식이다.

④ 이름과 관련해 여러 이야기가 있다.

3
세부
내용

밑줄 친 ⓐ~ⓓ 중 가리키는 대상이 다른 것을 고르세요.

① ⓐ   ② ⓑ   ③ ⓒ   ④ ⓓ

4
빈칸
추론

글의 빈칸 (A)에 들어갈 말로 가장 알맞은 것을 고르세요.

① kept   ② began   ③ stopped   ④ enjoyed

5
세부
내용

글에 등장하는 단어로 빈칸을 채워 보세요.

There are a few ___ⓐ___ about hush puppies. In one story, dogs became quiet when people ___ⓑ___ fried round balls at them.

ⓐ: _____   ⓑ: _____

Build Up

글을 읽고, 빈칸에 <보기>와 단어를 채워 허시 퍼피스에 대한 설명을 완성하세요.

보기   round   stories   dish   popular

Hush puppies

- are made from cornmeal.

- are small, fried, (a) _____ balls.

- are a (b) _____ southern American (c) _____ .

- have a few (d) _____ about their name.

Sum Up

빈칸에 알맞은 단어를 <보기>에서 찾아 쓰세요.

보기   make   barking   threw   hushed

Today, I helped Grandma (a)   hush puppies. Grandma told me a story about the dish. In the story, some dogs were barking, so people (b)   fried round balls at them. Then the dogs stopped (c)   . After that, people called the fried balls hush puppies because the balls " (d)   " the dogs.

A 아래 그림에 알맞은 단어를 고르세요.

①

②

③

① ☐ shocked
☐ relieved

② ☐ round
☐ curious

③ ☐ hush
☐ bark

B 주어진 단어의 알맞은 우리말 뜻을 찾아 연결하세요.

① popular •　　　　　　• 여러, 몇몇의

② a few •　　　　　　• 던지다

③ still •　　　　　　• 인기 있는

④ throw •　　　　　　• 여전히

C 우리말 해석에 맞도록 <보기>에서 알맞은 단어를 골라 빈칸에 쓰세요.

보기	answered　　dish　　shocked

① 나는 그 소식을 들었을 때 깜짝 놀랐다.

→ I was _____ when I heard the news.

② 그는 밝은 미소와 함께 대답했다.

→ He _____ with a bright smile.

③ 내가 가장 좋아하는 한국 음식은 비빔밥이다.

→ My favorite Korean _____ is bibimbap.

03 A Special Day in June

Tiera wanted to play outside, but she couldn't. It was too late and too dark. She was **upset**. Her dad sat next to her. He said, "Don't be upset. Tomorrow we will have a **celebration**. It's Juneteenth tomorrow."

Then he started telling his great-great-grandpa's story. Grandpa Willie was a slave and had to work long **hours**. Slaves didn't have **freedom**, but they really wanted it. They made plans for a better future.

On June 19th, 1865, they became **free**. They **cheered** and **celebrated**. From that day, they made money for their work. From the beginning, it wasn't easy. But every year on Juneteenth, they **remembered** the first day of freedom. Tiera's dad said, "Let's remember Grandpa Willie and celebrate with some soul food tomorrow."

● ● **주요 단어와 표현**

special 특별한   outside 밖에서   too 너무   sit(- sat) 앉다   next to ~ 옆에   great-great-grandpa 고조할아버지
have to(- had to) ~해야 한다   plan 계획   future 미래   make money(- made money) 돈을 벌다   beginning 처음,
시작

1 이 글의 알맞은 제목을 고르세요.

중심
생각

① What Is Juneteenth?

② What Does Freedom Mean?

③ What Did Grandpa Willie Do?

④ What Will Tiera Do on Juneteenth?

2 글의 내용과 맞는 것에는 O표, 틀린 것에는 X표 하세요.

세부
내용

(a) Willie 할아버지는 Tiera의 고조할아버지이다. _____

(b) Willie 할아버지는 오랜 시간 일해야 했다. _____

(c) Tiera의 가족은 내일 솔 푸드를 먹을 것이다. _____

3 Juneteenth의 날짜로 알맞은 것을 고르세요.

내용
추론

① 6월 18일   ② 6월 19일   ③ 6월 20일   ④ 6월 21일

4 글에 등장하는 단어로 빈칸을 채워 보세요.

세부
내용

> Slaves didn't have _____ⓐ_____. But they really wanted it and made plans for
> a better   .

ⓐ: _____   ⓑ: _____

Build Up   주어진 질문에 알맞은 대답을 연결하세요.

Question | 질문

Answer | 대답

1 What is Juneteenth?

2 When is Juneteenth?

3 How do people celebrate Juneteenth?

(A) It is on June 19th.

(B) It is a celebration of freedom from slavery.

(C) They remember the first day of freedom and have soul food.

STEP 3

Sum Up   빈칸에 알맞은 단어를 <보기>에서 찾아 쓰세요.

보기   celebrated   remembered   free   freedom

The day before Juneteenth, Dad told me about Grandpa Willie. Long ago, Grandpa Willie didn't have **a**   because he was a slave. But on June 19th, 1865, many slaves became **b**   . From that day, every year on Juneteenth, they **c**   the first day of freedom and **d**   with soul food.

Look Up

A 아래 그림에 알맞은 단어를 고르세요.

①

②

③

① ☐ upset
☐ special

② ☐ cheer
☐ remember

③ ☐ plan
☐ celebration

B 주어진 단어의 알맞은 우리말 뜻을 찾아 연결하세요.

① hour   •   • ~해야 한다

② freedom   •   • 시간

③ have to   •   • 자유

④ make money   •   • 돈을 벌다

C 우리말 해석에 맞도록 <보기>에서 알맞은 단어를 골라 빈칸에 쓰세요.

> 보기   celebrate   free   upset

① 그녀는 걱정으로부터 자유로워졌다.

→ She became _____ from worry.

② 네가 전화를 하지 않아서 난 매우 속상하다.

→ I'm _____ because you didn't call.

③ 너는 새해 첫날을 어떻게 기념하니?

→ How do you _____ New Year's Day?

04 Ray Charles

Ray Charles was a musician. He was famous for his unique playing style. He **mixed** different kinds of music and **created** his own. It was a new kind of music: soul music.

He could play the piano before he was five. But he started to lose his sight and was **blind** by the age of seven. He went to a special school and learned to play the organ and trumpet there.

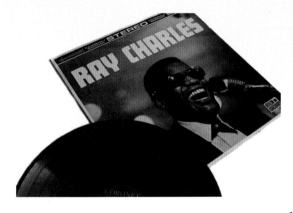

In 1947, he moved to Seattle and **performed** in bands. At first, his playing style was **similar to** other musicians. Then he kept **blending** different styles and created his own. Most of his songs became a big **success** because he never worked in just one style. Other musicians called Charles the Genius.

● ● 주요 단어와 표현

musician 음악가   famous for ~로 유명한   unique 독특한   playing (style) 연주 (방식)   kind 종류   own 자신의 것
sight 시력   by (시간) ~ 때   learn(- learned) 배우다   organ 오르간   trumpet 트럼펫   move(- moved) 이동하다
Seattle 시애틀   band (음악) 밴드   keep -ing(- kept -ing) ~을 계속하다   most of ~의 대부분   genius 천재

Check Up

1 이 글의 종류로 가장 알맞은 것을 고르세요.

중심
생각

① 일기 　　　　② 전기문 　　　　③ 독후감 　　　　④ 안내문

2 이 글의 제목을 완성하세요.

중심
생각

Ray Charles: the Father of _____

① the Genius 　　　　　　　　② Soul Music

③ the Musicians 　　　　　　　④ Unique Playing Style

3 Ray Charles에 대해 글의 내용과 **틀린** 것을 고르세요.

세부
내용

① 일곱 살 때 시력을 완전히 잃었다.

② 학교에서 오르간과 트럼펫을 배웠다.

③ 시애틀로 이동 후 밴드에서 연주했다.

④ 처음부터 연주 방식이 다른 음악가들과 달랐다.

4 글에 등장하는 단어로 빈칸을 채워 보세요.

중심
생각

Ray Charles ____ⓐ____ his own kind of music, soul music. He also blended different playing ____ⓑ____ and never worked in just one.

ⓐ: _____ 　　　　　　ⓑ: _____

Build Up 주어진 질문에 알맞은 대답을 연결하세요.

Question │ 질문	Answer │ 대답

❶ Who was Ray Charles?

❷ What was he famous for?

❸ Why did other musicians call him the Genius?

(A) He was famous for his unique playing style.

(B) He never worked in just one style.

(C) He was a musician and he created a new kind of music.

Sum Up 빈칸에 알맞은 단어를 <보기>에서 찾아 쓰세요.

보기　　　　　　mixed　　perform　　play　　similar　　blind

　　Ray Charles became ⓐ＿＿＿＿＿ when he was seven. But in school, he learned to ⓑ＿＿＿＿＿ the organ and trumpet. In 1947, he started to ⓒ＿＿＿＿＿ in bands. At first, his playing style was ⓓ＿＿＿＿＿ to other musicians. Then he ⓔ＿＿＿＿＿ different kinds of music and created his own. He was called the Genius.

Look Up

A 아래 그림에 알맞은 단어를 고르세요.

①

☐ mix
☐ perform

②

☐ blend
☐ move

③

☐ blind
☐ unique

B 주어진 단어의 알맞은 우리말 뜻을 찾아 연결하세요.

① sight •   • 종류

② kind •   • 자신의 것

③ own •   • 만들어 내다

④ create •   • 시력

C 우리말 해석에 맞도록 <보기>에서 알맞은 단어를 골라 빈칸에 쓰세요.

> 보기   similar   mixed   success

① 모두가 그녀의 성공을 부러워했다.

→ Everyone was jealous of her   .

② 네 시계는 내 것과 비슷하다.

→ Your watch is   to mine.

③ 나는 새로운 색깔을 만들기 위해 몇 가지 물감들을 섞었다.

→ I   some paints to make a new color.

Trees

MYTH 01

옛날에는 큰 과일이 많지 않아, 밤과 개암나무의 열매는 귀중한 과수로 여겨졌어요.

A Mysterious Bat

cut down (- cut down)	(나무를) 베다, 자르다
pocket	명 주머니
overnight	부 하룻밤 동안
suddenly	부 갑자기
enter (- entered)	동 들어오다, 들어가다
swing (- swung)	동 휘두르다, 흔들다
leave (- left)	동 두고 가다, 남기다

NATURE 02

소년을 향한 나무의 무조건적인 사랑을 표현한 책 『아낌없이 주는 나무』는 많은 사람들에게 감동을 주었어요.

Thankful Trees

everything	대 모든 것
around	전 ~ 주변에, ~ 주위에
example	명 예, 예시 *for example 예를 들어
tea	명 차(茶)
treat (- treated)	동 치료하다
fever	명 열
stomachache	명 복통

MYTH  03

월계수 나무의 꽃말은 승리, 영광, 명예예요.
때문에 고대 그리스와 로마에서
많은 황제들이 월계관을 썼다고 해요.

Apollo and Daphne

respect	명 존중, 경의 *show respect 존중하다
prepare (- prepared)	동 준비하다
shoot (- shot)	동 (화살·총을) 쏘다
cold	형 (태도가) 차가운, 냉담한
get away (- got away)	벗어나다, 탈출하다 *get away from 　~에게서 벗어나다
turn into (- turned into)	~으로 변하다 *turn A into B 　A를 B로 변하게 하다
branch	명 나뭇가지

ORIGIN 04

12월 25일, 크리스마스(성탄절)에는
많은 사람들이 크리스마스트리와 함께
그날을 기념해요.

Christmas Tree

tradition	명 전통
during	전 ~ 동안
holiday	명 휴일, 공휴일
choose (- chose)	동 선택하다, 고르다
candle	명 양초
add (- added)	동 더하다, 추가하다 *add A to B B에 A를 더하다
move (- moved)	동 이주하다

A Mysterious Bat

Long ago, a young man was **cutting down** trees in the woods. Then he saw some *hazelnuts on the ground and put them in his **pocket**. On his way home, he got lost and found an old house. He decided to sleep there **overnight**.

Suddenly, some goblins **entered** the house. The young man quickly hid. The goblins **swung** their bats and said, "Come out gold!", and then gold appeared. But the young man was hungry, so he bit into a hazelnut. It made a very loud noise. The goblins became frightened and ran away. But they **left** one of their bats in the house.

The young man took the bat home. He swung it and said, "_____(A)_____!" Then a lot of gold appeared!

*hazelnut 개암, 헤이즐넛 ((개암나무의 열매))

●● **주요 단어와 표현**

mysterious 신비로운   woods 숲   ground 땅바닥   on one's way home 집에 돌아가는 길에   get lost(- got lost)
길을 잃다   goblin 도깨비   quickly 재빨리   hide(- hid) 숨다   come out(- came out) 나오다   appear(- appeared)
나타나다   bite into(- bit into) ~을 깨물다   loud (소리가) 큰, 시끄러운   noise 소리   frightened 겁먹은   run away
(- ran away) 도망가다   take(- took) 가져가다   a lot of 많은

Check Up

1 이 글의 제목으로 알맞은 것을 고르세요.

중심
생각

① The House Full of Hazelnuts   ② A Lucky Man's Hazelnut

③ The Goblin's Special Power   ④ The Young Man's Warm Heart

2 도깨비에 대해 글의 내용과 맞는 것에는 〇표, 틀린 것에는 ✕표 하세요.

세부
내용

(a) 방망이를 휘두르면 금이 나왔다.   _____

(b) hazelnut을 깨무는 소리에 놀라 도망갔다.   _____

(c) 젊은이에게 방망이를 선물로 주었다.   _____

3 젊은이가 hazelnut을 깨문 이유를 고르세요.

세부
내용

① 길을 찾기 위해서   ② 배가 고파서

③ 도깨비를 쫓으려고   ④ 금이 나오게 하려고

4 글의 빈칸 (A)에 들어갈 말을 글에서 찾아 쓰세요.(3단어)

빈칸
추론

_____!

5 글에 등장하는 단어로 빈칸을 채워 보세요.

세부
내용

When the young man bit into a hazelnut, it made a very _____ⓐ_____ noise.
The goblins became frightened and _____ⓑ_____.

ⓐ: _____   ⓑ: _____

Build Up 젊은이와 도깨비를 각각 설명하는 내용에 알맞게 연결하세요.

① The young man

② The goblins

- (A) swung their bats in the old house.

- (B) cut down trees in the woods.

- (C) got lost in the woods.

- (D) took one of the bats home.

- (E) became frightened and ran away.

Sum Up 이야기의 순서에 맞게 빈칸에 번호를 쓰세요.

①

The goblins ran away and left one of the bats in the house.

②

The young man bit into a hazelnut, and it made a loud noise.

③

The young man decided to sleep in the old house overnight.

④

Some goblins entered the house and made gold with their bats.

☐ → ☐ → ☐ → ☐

A 아래 그림에 알맞은 단어를 고르세요.

❶
- ☐ ground
- ☐ pocket

❷
- ☐ hide
- ☐ swing

❸
- ☐ cut down
- ☐ come out

B 주어진 단어의 알맞은 우리말 뜻을 찾아 연결하세요.

❶ frightened ·   · 들어오다

❷ overnight ·   · 겁먹은

❸ enter ·   · 도망가다

❹ run away ·   · 하룻밤 동안

C 우리말 해석에 맞도록 <보기>에서 알맞은 단어를 골라 빈칸에 쓰세요.

보기	left swung suddenly

❶ 갑자기 비가 내리기 시작했다.

→ _____ , it started to rain.

❷ 그녀는 자신의 숙제를 집에 두고 갔다.

→ She _____ her homework at home.

❸ 그는 공을 향해 라켓을 휘둘렀다.

→ He _____ his racket at the ball.

Thankful Trees

The Giving Tree came out in 1964, but people still love it today. In the book, the tree gives **everything** to the boy. In real life, we can find giving trees **around** us.

With tree **sap, we can make many things. _____(A)_____, rubber is made from white sap from rubber trees. Maple syrup is made from maple tree sap. Many people enjoy maple syrup because it is delicious.

Some trees give us _____(B)_____. People can make **tea** with the leaves and bark of ***alder trees. The tea helps to **treat fevers** and wounds. When you have a **stomachache**, the bark of ****elm trees can help you.

*The Giving Tree 『아낌없이 주는 나무』
**sap 수액
***alder tree 오리나무
****elm tree 느릅나무

●● 주요 단어와 표현

thankful 고맙게 여기는, 감사하는   still 여전히, 아직도   real life 실생활   rubber 고무 *rubber tree 고무나무   is[are] made from ~로 만들어지다   maple syrup 메이플 시럽 *syrup 시럽   maple tree 단풍나무   enjoy 즐기다   delicious 맛있는   bark 나무껍질   wound 상처, 부상

Check Up

1 이 글의 제목을 완성하세요.

중심
생각

> The Giving Trees in _____

① Stories   ② Real Life   ③ the 1960s   ④ Different Teas

2 글의 내용과 **틀린** 것을 고르세요.

세부
내용

① 도서 『아낌없이 주는 나무』는 1964년에 출간되었다.

② 고무나무의 수액은 흰색이다.

③ 단풍나무의 수액은 상처를 치료하는 데 사용된다.

④ 배가 아플 때는 느릅나무의 껍질이 도움이 된다.

3 글의 빈칸 (A)에 들어갈 말로 가장 알맞은 것을 고르세요.

빈칸
추론

① Also   ② However   ③ For example   ④ Long ago

4 글의 빈칸 (B)에 들어갈 말로 가장 알맞은 것을 고르세요.

빈칸
추론

① food   ② drink   ③ syrup   ④ medicine

5 글에 등장하는 단어로 빈칸을 채워 보세요.

중심
생각

> We can make _____ⓐ_____ and syrup from tree sap. Some trees can also help
> to _____ⓑ_____ fevers and wounds.

ⓐ: _____   ⓑ: _____

STEP 2
Build Up
글을 읽고, 빈칸에 <보기>의 단어를 채워 우리의 실생활 속 나무 쓰임새를 완성하세요.

보기   leaves   rubber   treat   make

sap

bark

We can **a** _____
things like **b** _____
and syrup from tree sap.

Leaves and bark can
d _____ fevers,
wounds, and stomachaches.

STEP 3
Sum Up
빈칸에 알맞은 단어를 <보기>에서 찾아 쓰세요.

보기   delicious   medicine   fevers   tea   find

We can **a** _____ giving trees around us. We can make many things with those trees. For example, rubber is made from rubber tree sap. **b** _____ maple syrup is made from maple tree sap. We can also get **c** _____ from trees. We use leaves and bark to make **d** _____ , and it can treat **e** _____ and stomachaches.

A 아래 그림에 알맞은 단어를 고르세요.

①

②

③

☐ tea   ☐ syrup   ☐ fever

☐ bark   ☐ rubber   ☐ stomachache

B 주어진 단어의 알맞은 우리말 뜻을 찾아 연결하세요.

① wound   •   • 예, 예시

② delicious   •   • 모든 것

③ everything   •   • 맛있는

④ example   •   • 상처, 부상

C 우리말 해석에 맞도록 <보기>에서 알맞은 단어를 골라 빈칸에 쓰세요.

> **보기**   fever   around   treated

① 그들은 탁자 주위에 앉아 있다.

→ They are sitting _____ the table.

② 그 아기는 열이 나서 몸이 펄펄 끓고 있다.

→ The baby is burning up with a _____ .

③ 그 의사는 새로운 약으로 나를 치료했다.

→ The doctor _____ me with some new medicine.

Apollo and Daphne

Cupid was the god of love. His job was to make people fall in love with his bow and arrows. One day, the god of the sun, Apollo, didn't **show respect** for Cupid's job. Cupid was angry and **prepared** two kinds of arrows. He **shot** an arrow at Apollo. Apollo fell in love with a river spirit, Daphne. Cupid shot another arrow at Daphne, but it only made her hate love.

Apollo tried to get Daphne's love. Daphne was **cold** to him, but ⓐ he would never stop. She wanted to **get away from** ⓑ him. She asked her father for help. So ⓒ he **turned** Daphne **into** a bay tree. Apollo was _____(A)_____. So ⓓ he made a crown with some **branches** and leaves from the tree. He wore the crown to always be with Daphne.

*bay tree 월계수

●● **주요 단어와 표현**

god 신   fall in love(- fell in love) 사랑에 빠지다   bow 활   arrow 화살   kind 종류   spirit 요정   another 또 다른
hate 싫어하다, 증오하다; 미움, 증오   try to(- tried to) ~하려고 노력하다   never 절대 ~ 않다   ask A for help(- asked A for help) A에게 도움을 청하다   crown 왕관   wear(- wore) 쓰다, 입다

Check Up

정답과 해설 p.43

1

중심
생각

이 글의 제목으로 알맞은 것을 고르세요.

① Daphne's Hate for Love

② Daphne and Her Bay Tree

③ Apollo's Love for Daphne

④ Cupid's Special Arrow for Daphne

2

세부
내용

Apollo에 대해 글의 내용과 맞는 것에는 ○표, **틀린** 것에는 ✕표 하세요.

(a) Cupid가 하는 일을 존중했다. _____

(b) 사랑에 빠지게 되는 화살을 맞았다. _____

(c) 결국 Daphne의 사랑을 얻었다. _____

3

세부
내용

밑줄 친 ⓐ ~ ⓓ 중에서 가리키는 대상이 <u>다른</u> 하나를 고르세요.

① ⓐ   ② ⓑ   ③ ⓒ   ④ ⓓ

4

세부
내용

글에 등장하는 단어로 빈칸을 채워 Cupid가 쏜 두 화살의 결과를 완성하세요.

• Apollo ⓐ _____ in love with Daphne.

• The arrow made Daphne ⓑ _____ love.

5

빈칸
추론

글의 빈칸 (A)에 들어갈 말로 가장 알맞은 것을 고르세요.

① sad   ② scared   ③ excited   ④ worried

 **Build Up** 주어진 원인에 알맞은 결과를 연결하세요.

Cause | 원인   **Effect** | 결과

1 Cupid shot an arrow at Apollo.

(A) He made a crown with the branches from the tree and always wore it.

2 Daphne asked her father for help.

(B) Apollo fell in love with Daphne.

3 Apollo was sad that Daphne became a bay tree.

(C) Her father turned her into a bay tree.

 Sum Up 빈칸에 알맞은 단어를 <보기>에서 찾아 쓰세요.

보기	help love turned get away crown

Apollo fell in ⓐ _____ with Daphne because of Cupid's arrow. But Daphne didn't love Apollo. She wanted to ⓑ _____ from him. She asked her father for ⓒ _____ , and he ⓓ _____ her into a bay tree. Apollo was sad, so he made a ⓔ _____ with some branches and leaves from the tree. He wore the crown to always be with Daphne.

Look Up

A   아래 그림에 알맞은 단어를 고르세요.

①

☐ wear
☐ shoot

②

☐ crown
☐ branch

③

☐ hate
☐ prepare

B   주어진 단어의 알맞은 우리말 뜻을 찾아 연결하세요.

① arrow ·

· 벗어나다

② get away ·

· ~으로 변하다

③ never ·

· 화살

④ turn into ·

· 절대 ~ 않다

C   우리말 해석에 맞도록 <보기>에서 알맞은 단어를 골라 빈칸에 쓰세요.

보기	cold	respect	shot

① 사냥꾼은 곰을 보고 총을 쏘았다.

→ The hunter saw the bear and _____ his gun.

② 그는 부모님께 존경심을 보였다.

→ He showed _____ to his parents.

③ 그녀는 매우 냉담하다. 그녀는 절대 미소짓지 않는다.

→ She is so _____ . She never smiles.

Christmas Tree

The Christmas tree is a **tradition** in many countries. People decorate a Christmas tree **during** the **holidays**. Some buy a real tree from a tree farm, and others **choose** plastic trees.

There are many stories about the Christmas tree tradition. One of them is about Martin Luther from Germany. One winter evening, Martin Luther saw *evergreens under the stars. After that, he decorated a tree with **candles**. He was the first person to **add** lights **to** a Christmas tree.

Germans _____(A)_____ these traditions with them when they **moved** to other countries. By the 18th century, there were Christmas trees all over Europe.

*evergreen 상록수, 늘푸른나무

● ● **주요 단어와 표현**

Christmas 크리스마스   country 나라   decorate 장식하다   real 진짜의   plastic 플라스틱으로 된   Germany 독일
*German 독일인   first 첫 번째의   light 빛   by ~즈음에, ~경에   century 세기, 100년   all over 곳곳에   Europe 유럽

Check Up

1 이 글은 무엇에 대해 설명하는 내용인가요?

중심
생각

① 나라별 크리스마스 전통   ② 크리스마스트리 전통의 유래

③ 크리스마스트리 꾸미는 방법   ④ 유럽의 크리스마스트리 농장

2 크리스마스트리에 대해 글의 내용과 **틀린** 것을 고르세요.

세부
내용

① 어떤 사람들은 진짜 나무를 사서 장식한다.

② 전통에 관한 많은 이야기가 있다.

③ Martin Luther가 처음으로 빛을 더했다.

④ 독일에서는 18세기 이후 전통이 시작되었다.

3 글에서 대답할 수 **없는** 질문을 고르세요.

세부
내용

① Where did Martin come from?

② What did Martin see under the stars?

③ What did Martin use to decorate a tree?

④ Why did Germans move to other countries?

4 글의 빈칸 (A)에 들어갈 말로 가장 알맞은 것을 고르세요.

빈칸
추론

① saved   ② left   ③ took   ④ decorated

5 글에 등장하는 단어로 빈칸을 채워 보세요.

세부
내용

People decorate a Christmas tree during the _____ⓐ_____. Long ago, Martin Luther was the first person to _____ⓑ_____ lights to a Christmas tree.

ⓐ: _____   ⓑ: _____

Build Up 글을 읽고, 빈칸에 <보기>의 단어를 찾아 쓴 후 크리스마스트리 전통이 여러 나라로 퍼지게 된 과정에 맞게 번호를 쓰세요.

| 보기 | saw   decorated   took   all over |

1 Germans **a** _____ the Christmas tree tradition with them to other countries.

2 Martin Luther **b** _____ a tree with candles.

3 By the 18th century, there were Christmas trees **c** _____ Europe.

4 One winter evening, Martin Luther **d** _____ evergreens under the stars.

( ) → ( ) → ( ) → ( )

Sum Up 빈칸에 알맞은 단어를 <보기>에서 찾아 쓰세요.

| 보기 | moved   candles   during   added   tradition |

People decorate a Christmas tree **a** _____ the holidays. The Christmas tree is now a **b** _____ in many countries. There are many stories about the Christmas tree tradition. One of them is about Martin Luther. With **c** _____ , he **d** _____ lights to a Christmas tree. Later, some Germans took this tradition with them when they **e** _____ to other countries. There were Christmas trees all over Europe by the 18th century.

A 아래 그림에 알맞은 단어를 고르세요.

❶
☐ add
☐ choose

❷
☐ candle
☐ country

❸
☐ move
☐ decorate

B 주어진 단어의 알맞은 우리말 뜻을 찾아 연결하세요.

❶ light •

❷ tradition •

❸ during •

❹ century •

• ~ 동안

• 세기, 100년

• 빛

• 전통

C 우리말 해석에 맞도록 <보기>에서 알맞은 단어를 골라 빈칸에 쓰세요.

| 보기 | moved　　added　　holiday |

❶ 그녀는 커피에 우유를 더했다.

→ She _____ milk to her coffee.

❷ 추석은 한국에서 큰 휴일이다.

→ *Chuseok* is a big _____ in Korea.

❸ 그들은 작년에 브라질로 이주했다.

→ They _____ to Brazil last year.

5 Relations

HISTORY 01

최초로 유럽으로 보내진 이 기린에 사람들이
열광했고, 기린에 대한 노래와 시 등이
많이 만들어졌다고 해요.

01 The Giraffe in Paris

visit (- visited)	동 방문하다
gift	명 선물
catch (- caught)	동 잡다 *is[was] caught 잡히다[잡혔다]
sail (- sailed)	동 항해하다
on foot	걸어서
welcome (- welcomed)	명 환영 동 환영하다
call (- called)	동 ~라고 부르다

WORLD 02

한 국가가 자국의 상징적인 동물을
다른 국가에 보내며 우호적인 관계를 만드는
활동을 동물외교라고 해요.

02 A Gift for a Country

show (- showed)	동 보여 주다
sometimes	부 때때로, 가끔
leader	명 지도자
also	부 또한
accept (- accepted)	동 받다, 받아들이다
already	부 이미, 벌써
type	명 종류, 유형 *a type of ~의 종류

VOCA

JOBS | 03

외교관들은 한 나라를 대표하는 만큼
책임감과 자부심을 가지고 일하는 멋진
직업이랍니다.

My Dad's Work

workplace	몡 직장
between	전 ~ 사이에
each other	대 서로
peace	몡 평화
introduce (- introduced)	동 소개하다
gather (- gathered)	동 모으다
proud of	~을 자랑스러워하는

PEOPLE | 04

조선 초기에 일본의 왜구들이 조선인들을
약탈하고 납치해가자, 붙잡혀간 백성들을
다시 데려온 조선 최고의 외교관이 있었어요.

Yi Ye

over	전 ~ 동안에
number	몡 수, 숫자
bring back (- brought back)	다시 데려오다
rest	몡 나머지 *the rest of ~의 나머지
stay (- stayed)	동 1 머물다 2 ~인 채로 있다
peaceful	형 평화로운
friendly	형 친한, 우호적인

01 The Giraffe in Paris

My family **visited** a zoo yesterday. When we were watching the giraffes, my dad told me about Zarafa, one of the first giraffes in Europe.

Zarafa was a **gift** for the king of France in 1827. She was a baby when she **was caught**. Then she **sailed** down the *Nile River and across the ocean. When Zarafa arrived in France, she moved to Paris **on foot**! She _____(A)_____ about 880 kilometers in six weeks. Everyone in Paris gave her a big **welcome**. Some people **called** her "the Beautiful African." Others called her "the giraffe" because there were no other giraffes in France.

After the story, I felt bad that animals like Zarafa get sent to other countries as _____(B)_____. They don't choose to leave their homes.

*Nile River 나일 강 ((이집트 등을 거쳐 지중해로 흐르는 아프리카 최대의 강))

● ● 주요 단어와 표현

giraffe 기린   zoo 동물원   tell(- told) 말하다   France 프랑스   *Paris 파리 ((프랑스의 수도))   across 건너서, 가로질러
ocean 대양, 해양   arrive(- arrived) 도착하다   move(- moved) 이동하다; 이주하다   week 주, 일주일   African 아프리카인
others 다른 사람들   *other (그 밖의) 다른   get sent to ~로 보내지다   feel bad(- felt bad) 유감이다, 안됐다   choose
(- chose) 선택하다   home 고향

Check Up

1

중심
생각

이 글의 알맞은 제목을 완성하세요.

> The Story of _____

① the Zoo Animals   ② the First Giraffe in France

③ the Gift from Paris   ④ the First Gift from Europe

2

세부
내용

Zarafa에 대해 글의 내용과 맞는 것에는 ○표, **틀린** 것에는 ✕표 하세요.

(a) 프랑스 왕에게 보내진 선물이었다.   _____

(b) 자신의 새끼와 함께 사람들에게 잡혔다.   _____

(c) 파리에서 사람들에게 환영받지 못했다.   _____

3

빈칸
추론

글의 빈칸 (A)에 들어갈 말로 가장 알맞은 것을 고르세요.

① flew   ② walked   ③ sailed   ④ drove

4

빈칸
추론

글의 빈칸 (B)에 들어갈 말로 가장 알맞은 단어를 글에서 찾아 쓰세요.

_____s

5

세부
내용

글에 등장하는 단어로 빈칸을 채워 보세요.

> Zarafa was a gift for the king of France. She _____ⓐ_____ across the ocean and moved to Paris _____ⓑ_____.

ⓐ: _____   ⓑ: _____

Build Up   아래 상자를 알맞게 연결하여 문장을 완성하세요.

1

Zarafa was a baby

2

Some people called her "the giraffe"

3

When Zarafa arrived in France,

(A) when she was caught.

(B) she moved to Paris on foot.

(C) because there were no other giraffes in France.

Sum Up   빈칸에 알맞은 단어를 <보기>에서 찾아 쓰세요.

보기	African walked gift moved

Zarafa was one of the first giraffes in Europe. She was a **a**

for the king of France. She sailed across the ocean and **b**   to

France. She arrived in France and then **c**   to Paris in six

weeks. Everyone in Paris welcomed her, and some called her "the Beautiful

d   ."

A 아래 그림에 알맞은 단어를 고르세요.

❶

❷

❸

☐ zoo   ☐ catch   ☐ sail

☐ ocean   ☐ choose   ☐ arrive

B 주어진 단어의 알맞은 우리말 뜻을 찾아 연결하세요.

❶ home •   • 걸어서

❷ across •   • 고향

❸ on foot •   • 건너서, 가로질러

❹ call •   • ~라고 부르다

C 우리말 해석에 맞도록 <보기>에서 알맞은 단어를 골라 빈칸에 쓰세요.

보기	visited gift welcome

❶ 따뜻하게 환영해 주셔서 고맙습니다.

→ Thank you for your warm   .

❷ 모든 손님은 무료 선물을 받을 수 있다.

→ Every guest can get a free   .

❸ 어제 삼촌이 우리 집에 방문하셨다.

→ My uncle   our house yesterday.

A Gift for a Country

Some animals are a symbol of a country. There are pandas for China, koalas for Australia, and elephants for Thailand. Countries use animals to **show** their ties with other countries.

Countries sometimes send their native animals as gifts. _____(A)_____, in the 1800s, an Egyptian **leader** gave giraffes as gifts to kings in England, Austria, and France. **Also**, China sends its national treasure, giant pandas, to other countries.

However countries don't always **accept** gifts from other countries. For example, Thailand tried to send _____(B)_____ to America in the 1860s. But the president, Abraham Lincoln, didn't accept the gift. He said that America **already** had other, better **types of** transportation.

●● 주요 단어와 표현

symbol 상징   koala 코알라   Australia 호주   Thailand 태국   ties 유대(관계)   send 보내다   native animal 토종 동물   Egyptian 이집트인   England 영국   Austria 오스트리아   national treasure 국보, 국가적 보물   try to(- tried to) ~하려고 하다   president 대통령   transportation 운송 수단, 교통수단

1

중심
생각

이 글은 무엇에 대해 설명하는 글인가요?

① 나라별 상징 동물 ② 나라간 동물 외교

③ 세계의 희귀동물 보호 ④ 각국을 대표하는 국보

2

세부
내용

나라와 상징 동물이 <u>잘못</u> 짝지어진 것을 고르세요.

① 호주 – 코알라 ② 태국 – 코끼리

③ 오스트리아 – 기린 ④ 중국 – 판다

3

세부
내용

각 나라의 토종 동물들이 다른 나라로 보내지는 이유를 고르세요.

① 외화를 벌려고

② 서식지를 넓히려고

③ 국보를 널리 알리려고

④ 두 나라간의 유대 관계를 보여 주려고

4

빈칸
추론

글의 빈칸 (A)에 들어갈 말로 가장 알맞은 것을 고르세요.

① And ② However ③ Later ④ For example

5

빈칸
추론

글의 빈칸 (B)에 들어갈 가장 알맞은 단어를 글에서 찾아 쓰세요. (1단어)

_____

STEP 2

Build Up 글을 읽고, 빈칸에 <보기>의 단어를 채워 아래 표를 완성하세요.

보기   gift   sent   treasure   symbol

1 Pandas — are China's national **a** _____, and the country sends them to other countries.

2 Elephants — are a **b** _____ of Thailand. But Abraham Lincoln didn't accept them as a **c** _____.

3 Giraffes — were **d** _____ to England, Austria, and France as gifts in the 1800s.

STEP 3

Sum Up 빈칸에 알맞은 단어를 <보기>에서 찾아 쓰세요.

보기   accept   giraffes   types   send

Sometimes, countries **a** _____ their native animals to other countries as gifts. In the 1800s, Egypt gave **b** _____ to England, Austria, and France. China sends giant pandas to other countries. But countries don't always **c** _____ gifts from other countries. America didn't accept elephants from Thailand because the country had better **d** _____ of transportation.

A 아래 그림에 알맞은 단어를 고르세요.

1

☐ show
☐ accept

2

☐ president
☐ transportation

3

☐ ties
☐ symbol

B 주어진 단어의 알맞은 우리말 뜻을 찾아 연결하세요.

1 sometimes •　　　　　• 이미, 벌써

2 send •　　　　　• 때때로

3 also •　　　　　• 보내다

4 already •　　　　　• 또한

C 우리말 해석에 맞도록 <보기>에서 알맞은 단어를 골라 빈칸에 쓰세요.

> 보기　　　　accept　　leader　　types

1 Michael은 우리 반의 훌륭한 지도자였다.

　→ Michael was a great ＿＿＿＿＿＿＿ of our class.

2 그녀는 그녀의 방에서 많은 종류의 인형을 나에게 보여 주었다.

　→ She showed me many ＿＿＿＿＿＿＿ of dolls in her room.

3 내 친구는 내 사과를 받아들이지 않았다.

　→ My friend didn't ＿＿＿＿＿＿＿ my apology.

03 My Dad's Work

My family moved to Canada last year because of my dad's work. One day, I asked him about his job. He said, "Come with me tomorrow. I'll show you around."

The next day, I went to his **workplace**. He said, "*Diplomats like me work for their country. Some remain in their own country, and others move to different countries." He also added, "When there are problems **between** two countries, their diplomats meet with **each other**. They talk about things like trade or **peace**."

Then he showed me around. "People here do many other things. Some **introduce** our country to others. Some make visas or passports. Others **gather** information about politics." At first, I didn't know much about his job. _____(A)_____ I know more, and I'm **proud of** my dad.

*diplomat 외교관

● ● ◗ **주요 단어와 표현**

work 일, 직장; 일하다   ask(- asked) 묻다   show A around(- showed A around) A에게 구경시켜 주다   remain (떠나지 않고) 남다   add(- added) (말을) 덧붙이다   problem 문제   trade 무역, 교역   visa 비자 ((외국인의 출입국 허가의 증명))   passport 여권   information 정보   politics 정치   at first 처음에는   know(- knew) 알다

Check Up

1 이 글의 제목으로 알맞은 것을 고르세요.

중심
생각

① Canada: Our Home Country

② What Does a Diplomat Do?

③ Proud to Be a Diplomat

④ The Problem between Two Countries

2 글의 내용과 맞는 것에는 O표, 틀린 것에는 X표 하세요.

세부
내용

(a) 'I'의 아빠는 외교관이다. _____

(b) 외교관은 자신의 나라를 위해 일한다. _____

(c) 'I'는 아빠의 직장에서 몇 가지 업무를 체험했다. _____

3 글의 빈칸 (A)에 들어갈 말로 가장 알맞은 것을 고르세요.

빈칸
추론

① Now   ② Later   ③ Before   ④ For example

4 글에 등장하는 단어로 빈칸을 채워 보세요.

중심
생각

My dad told me about his job as a diplomat. When there are problems
_____ⓐ_____ two countries, their diplomats meet with each other and talk
about things like trade or _____ⓑ_____.

ⓐ: _____   ⓑ: _____

Build Up
글을 읽고, 빈칸에 <보기>의 단어를 채워 아래 표를 완성하세요.

보기	introduce remain gather work trade

Who do diplomats work for?	• They **a** _____ for their country.
Where do diplomats work?	• Some **b** _____ in their own country, and others move to different countries.
What do diplomats do?	• They meet with other diplomats from different countries. They talk about things like **c** _____ or peace. • Some also **d** _____ their country to others. • Others **e** _____ information about politics.

Sum Up
빈칸에 알맞은 단어를 <보기>에서 찾아 쓰세요.

보기	proud each other problems workplace peace

Today, I went to my dad's **a** _____ . He showed me around and told me about his job. Diplomats like him work for their country. When there are **b** _____ between two countries, their diplomats meet with **c** _____ . They talk about things like **d** _____ . Now I know more about my dad's job, and I'm **e** _____ of him!

A 아래 그림에 알맞은 단어를 고르세요.

① ☐ passport
☐ workplace

② ☐ ask
☐ gather

③ ☐ work
☐ introduce

B 주어진 단어의 알맞은 우리말 뜻을 찾아 연결하세요.

① trade •   • (말을) 덧붙이다

② proud of •   • 무역, 교역

③ add •   • 서로

④ each other •   • ~을 자랑스러워하는

C 우리말 해석에 맞도록 <보기>에서 알맞은 단어를 골라 빈칸에 쓰세요.

> 보기   gather   between   peace

① 그 두 집 사이에 공간이 충분하지 않다.

→ There is not enough space   the two houses.

② 그 과학자들은 화성에 대한 자료를 모은다.

→ The scientists   data about Mars.

③ 흰 비둘기는 평화의 상징이다.

→ White doves are a symbol of   .

Yi Ye

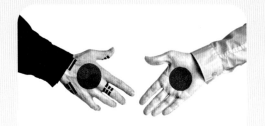

During the Joseon Dynasty, the Japanese Navy captured people from Korea. **Over** 60 years, there were 184 *invasions. However, the **number** went down when **Yi Ye worked as a diplomat.

During his 43 years as a diplomat, Yi Ye **brought back** 667 Koreans from Japan. When Yi Ye was 8, the Japanese Navy took his mother. He looked for his mother for **the rest of** his life. So he understood other Koreans' pain better than anyone.

He was the greatest diplomat because he knew a lot about Japan. He signed a deal _____(A)_____ the Japanese could **stay** in Korea for 20 days. They could also get a place to stay and food to eat. Yi Ye chose to **stay peaceful** and **friendly** with the enemy.

*invasion 침략, 침입
**Yi Ye 이예 ((조선 세종 시대의 외교관))

● ● **주요 단어와 표현**

during ~ 동안   dynasty 시대, 왕조   Japanese 일본(인)의 *Japan 일본   navy 해군   capture(- captured) 포로로 잡다
go down(- went down) 내려가다, 낮아지다   look for(- looked for) ~을 찾다   understand(- understood) 이해하다
pain 고통   great 훌륭한   a lot 많이   sign a deal(- signed a deal) 조약을 맺다   enemy 적

STEP 1

Check Up

1

중심
생각

이 글의 알맞은 제목을 완성하세요.

> Yi Ye: the Greatest _____ of the Joseon Dynasty

① King   ② Navy   ③ Diplomat   ④ Enemy

2

세부
내용

글의 내용과 맞는 것에는 ○표, 틀린 것에는 ✕표 하세요.

(a) 이예의 외교 역할로 일본의 침략 횟수가 늘어났다. _____

(b) 이예는 8살 이후로 어머니를 보지 못했다. _____

(c) 이예는 적과 평화롭게 지내지 않았다. _____

3

세부
내용

글을 읽고 대답할 수 있는 질문을 고르세요.

① How old was Yi Ye when he became a diplomat?

② How many Koreans did Yi Ye bring back from Japan?

③ How did Yi Ye look for his mother?

④ Where did the Japanese Navy get a place to stay?

4

빈칸
추론

글의 빈칸 (A)에 들어갈 말로 가장 알맞은 것을 고르세요.

① so   ② when   ③ because   ④ however

5

세부
내용

빈칸에 알맞은 숫자를 <보기>에서 찾아 쓰세요.

> **보기**   43   8   184   667   20

(a) Over 60 years, there were _____ Japanese invasions.

(b) Yi Ye worked as a diplomat for _____ years.

(c) The Japanese could stay in Korea for _____ days.

Build Up

글을 읽고, 빈칸에 <보기>의 단어를 채워 글에 등장한 문제, 해결책, 결과를 완성하세요.

보기	peaceful went down stay captured

문제(Problem)	• During the Joseon Dynasty, the Japanese Navy ⓐ _____ people from Korea.

↓

해결책(Solution)	• Yi Ye chose to stay ⓑ _____ with Japan. • Yi Ye signed a deal so the Japanese could ⓒ _____ in Korea for 20 days.

↓

결과(Effect)	• The number of invasions ⓓ _____.

Sum Up

빈칸에 알맞은 단어를 <보기>에서 찾아 쓰세요.

보기	worked number stay greatest

Yi Ye was the ⓐ _____ diplomat during the Joseon Dynasty. There were many Japanese invasions, and the Japanese Navy captured people from Korea. But when Yi Ye ⓑ _____ as a diplomat, he chose to ⓒ _____ friendly with the enemy. As a result, the ⓓ _____ of invasions went down, and Yi Ye brought back many Koreans from Japan.

A 아래 그림에 알맞은 단어를 고르세요.

①

☐ look for
☐ go down

②

☐ stay
☐ capture

③

☐ pain
☐ enemy

B 주어진 단어의 알맞은 우리말 뜻을 찾아 연결하세요.

① rest　　　　　　•　　　　　• 다시 데려오다

② friendly　　　•　　　　　• 조약을 맺다

③ sign a deal　•　　　　　• 친한, 우호적인

④ bring back　•　　　　　• 나머지

C 우리말 해석에 맞도록 <보기>에서 알맞은 단어를 골라 빈칸에 쓰세요.

> | 보기 | peaceful　　over　　number |

① 한국 학생 수가 줄어들고 있다.

→ The _____ of Korean students is going down.

② 우리는 지난 몇 년 동안 서로를 볼 수 없었다.

→ We couldn't see each other _____ the last few years.

③ 그 두 나라는 평화로운 해결책을 찾으려고 노력했다.

→ The two countries tried to find a _____ solution.

MEMO

MEMO

왓츠
What's
Grammar

Start

아이들이 영문법을 처음 접한다면?

초등 저학년을 위한 기초 문법서

+Plus

기초 문법 개념을 한 바퀴 돌렸다면?

초등 고학년을 위한 기초 & 심화 문법서

초등학생을 위한 필수 기초 & 심화 문법

① 초등 기초 & 심화 문법
완성을 위한 3단계 구성

② 누적·반복 학습이 가능한
나선형 커리큘럼

③ 쉽게 세분화된 문법 항목과
세심하게 조정된 난이도

④ 유닛별 누적 리뷰 테스트와
파이널 테스트 2회분 수록

⑤ 워크북과 단어쓰기
연습지로 완벽하게 복습

쎄듀

쎄듀런

① 구문　판매 1위 '천일문' 콘텐츠를 활용하여 정확하고 다양한 구문 학습

(끊어읽기)　(해석하기)　(문장 구조 분석)　(해설·해석 제공)　(단어 스크램블링)　(영작하기)

② 문법·서술형　쎄듀의 모든 문법 문항을 활용하여 내신까지 해결하는 정교한 문법 유형 제공

(객관식과 주관식의 결합)　(문법 포인트별 학습)　(보기를 활용한 집합 문항)　(내신대비 서술형)　(어법+서술형 문제)

③ 어휘　초·중·고·공무원까지 방대한 어휘량을 제공하며 오프라인 TEST 인쇄도 가능

(영단어 카드 학습)　(단어 ↔ 뜻 유형)　(예문 활용 유형)　(단어 매칭 게임)

④ 선생님 보유 문항 이용

(Online Test)　(OMR Test)

cafe.naver.com/cedulearnteacher

쎄듀런 학습 정보가 궁금하다면?

쎄듀런 Cafe

· 쎄듀런 사용법 안내 & 학습법 공유
· 공지 및 문의사항 QA
· 할인 쿠폰 증정 등 이벤트 진행

Upgrade Your Reading Skills!

Words
100 B

왓츠
리딩
What's Reading

김기훈 | 쎄듀 영어교육연구센터

WORKBOOK

쎄듀

왓츠 리딩

What's Reading

Words

100 B

· WORKBOOK ·

01 A Beautiful Cactus

A 주어진 의미에 맞는 단어를 <보기>에서 골라 빈칸을 채우세요.

> 보기   hide   pick   pray   nowhere   come after   hole   land

[명사] 대지, 땅	Crocodiles lay eggs on ❶ . 악어들은 땅에 알을 낳는다.
[명사] 구멍, 구덩이	The dog dug a ❷ in the yard. 그 개는 마당에 구덩이를 팠다.
~을 뒤쫓다, 따라가다	The police is going to ❸ them. 경찰은 그들을 뒤쫓을 것이다.
[부사] 어디에도 (~ 없다)	He had ❹ to go during the weekend. 그는 주말 동안 갈 곳이 어디에도 없었다.
[동사] (꽃을) 꺾다	Don't ❺ the roses in my garden! 내 정원에 있는 장미들을 꺾지 마!
[동사] 1. 숨다 2. 숨기다, 감추다	James wanted to ❻ from Ted. James는 Ted로부터 숨고 싶었다.
[동사] 기도하다	They always ❼ for their son's happiness. 그들은 항상 아들의 행복을 기도한다.

B 아래 문장에서 주어에는 ○표, 동사에는 밑줄을 치세요.

> 보기   (They) <u>had</u> nowhere to hide.

❶ The couple stopped to rest for a few minutes.

❷ However, the chief didn't like the boy.

❸ In a Native American village, a boy picked flowers for a girl.

❹ The goddess opened a hole in the mountain, and they hid there.

C 주어진 우리말과 뜻이 같도록 문장을 완성해 보세요.

❶ 그는 자신의 딸이 다른 사람과 결혼하기를 원했다.

→ _____.

(he / to marry / his daughter / someone else / wanted)

❷ 그들은 산으로 도망쳤다.

→ _____.

(the mountains / ran away / they / to)

❸ 곧 그들은 남자들이 자신들을 뒤쫓는 것을 보았다.

→ Soon _____.

(they / saw / them / the men / coming after)

❹ 그들은 대지의 여신에게 기도하기 시작했다.

→ _____.

(to pray / they / to the goddess of the land / started)

02 A Giant Cactus in the Desert

A 주어진 의미에 맞는 단어를 <보기>에서 골라 빈칸을 채우세요.

> 보기   quickly   move out   survive   deep   hold   take over   less

동사 담다, 수용하다	This bottle can **1** 500ml of water. 이 병은 물 500ml를 담을 수 있다.
부사 빠르게, 빨리	Some fish can swim really **2** when they hunt. 어떤 물고기들은 사냥할 때 매우 <u>빠르게</u> 헤엄칠 수 있다.
동사 생존하다, 살아남다	This plant can **3** with little water. 이 식물은 적은 물로 <u>살아남을</u> 수 있다.
형용사 보다 적은, 덜한	The doctor told him to drink **4** coffee. 의사는 그에게 커피를 <u>보다 적게</u> 마시라고 말했다.
부사 깊이, 깊은 곳에	This plant only grows **5** in the mountains. 이 식물은 산 속 깊은 곳에서만 자란다.
(살던 곳에서) 나가다, 이사를 가다	Jake plans to **6** of his parents' house. Jake는 자신의 부모님의 집에서 <u>이사를 갈</u> 계획이다.
넘겨받다	Brenda will **7** the family business. Brenda는 가업을 <u>넘겨받을</u> 것이다.

B 아래 문장에서 주어에는 ◯표, 동사에는 밑줄을 치세요.

> 보기   Instead, (the cactus) is a home.

❶ But they don't go deep under the sand.

❷ The cactus uses that water during the dry season.

❸ One plant with huge roots is a saguaro cactus.

❹ Birds like Gila woodpeckers make a hole and then a nest in the plant.

C 주어진 우리말과 뜻이 같도록 문장을 완성해 보세요.

❶ 모든 사막 식물들은 생존할 수 있다 / 건조한 날씨에서.

→ _____ / _____.

(in / all desert plants / dry weather / can survive)

❷ 그 식물들은 그들의 잎을 작게 만든다 / 물을 덜 잃기 위해서.

→ _____ / to lose less water.

(leaves / the plants / small / their / make)

❸ 그것은 800리터만큼 많은 물을 담을 수 있다.

→ It _____.

(can hold / 800 liters / as much as / of water)

❹ 그들이 나가면, // 다른 동물들이 그들의 둥지를 넘겨받는다.

→ When they move out, // _____.

(their nests / take over / other animals)

CHAPTER 1

03 The Sad Mother Volcano

A 주어진 의미에 맞는 단어를 <보기>에서 골라 빈칸을 채우세요.

> 보기   female   salty   tear   take away   male   area   ability

명사 지역	Jane knows the ❶ well. Jane은 그 지역을 잘 안다.
명사 능력	He lost the ❷ to hear. 그는 들을 수 있는 능력을 잃었다.
명사 눈물	A ❸ rolled down Rose's face. 눈물 한 방울이 Rose의 얼굴을 타고 흘러내렸다.
뺏다, 빼앗다	The worker will ❹ your cellphone before the exam. 그 직원이 시험 전에 네 휴대전화를 뺏을 것이다.
형용사 여자의, 여성의	A ❺ student joined our chess club. 한 여학생이 우리 체스 클럽에 가입했다.
형용사 남자의, 남성의	The ❻ bird had beautiful wings. 그 수컷 새는 아름다운 날개를 가지고 있었다.
형용사 짠, 소금이 든	This pizza is too ❼ for me. 이 피자는 나에겐 너무 짜다.

B 아래 문장에서 주어에는 ○표, 동사에는 밑줄을 치세요.

> 보기 (The land) <u>became</u> white and salty.

❶ Her name was Tunupa.

❷ All of the male volcanoes wanted to be the baby's father.

❸ A long time ago, the volcanoes moved and talked like humans.

❹ Like other volcanoes, Tunupa couldn't move or talk.

C 주어진 우리말과 뜻이 같도록 문장을 완성해 보세요.

❶ 그들의 사막 지역에, / 유일한 여자 화산이 있었다.

→ In their desert area, /_____.

(female / only one / there / was / volcano)

❷ 그들은 아기 화산을 빼앗아서 그를 숨겼다.

→ _____.

(away / him / they / the baby volcano / took / and hid)

❸ 그녀는 울었다 // 그녀가 자신의 아기를 찾을 수 없었기 때문에.

→ She cried //_____.

(her baby / find / she / because / couldn't)

❹ 그녀의 눈물과 모유가 땅 위로 흘렀다.

→ _____.

(ran over / and mother's milk / the land / her tears)

04 The Land Full of Salt

A 주어진 의미에 맞는 단어를 <보기>에서 골라 빈칸을 채우세요.

> 보기   dry up   dried-up   think of   ground   thousand   build up   cover

명사 천, 1,000	My father gave me a ❶ dollars! 아버지가 내게 <u>천</u> 달러를 주셨어!
바싹 마르다, 말라붙다	The river started to ❷ because it was so hot. 너무 더워서 그 강은 <u>바싹 마르기</u> 시작했다.
동사 덮다	❸ your knee with this blanket. 이 담요로 네 무릎을 <u>덮어라</u>.
명사 땅, 지면	The ❹ was rough and rocky. <u>지면</u>은 거칠고 바위가 많았다.
형용사 바싹 마른	We found many ❺ ponds during summer. 여름 동안 우리는 많은 <u>바싹 마른</u> 연못들을 발견했다.
~을 생각하다, 머리에 떠올리다	When I ❻ my puppy, it makes me smile. 내가 나의 강아지를 <u>생각할</u> 때, 그것은 나를 웃게 만든다.
쌓이다, 축적되다	The snow didn't ❼ much. 눈이 많이 <u>쌓이지</u> 않았다.

B 아래 문장에서 주어에는 ○표, 동사에는 밑줄을 치세요.

> 보기 (A salt desert) <u>is</u> a dried-up desert lake.

1 Salt stays on the surface of the ground.

2 You can also find other salt deserts in the Sahara Desert.

3 The world's largest salt desert is in Bolivia.

4 Salt and other minerals cover the ground.

C 주어진 우리말과 뜻이 같도록 문장을 완성해 보세요.

1 사막을 생각하면 무엇이 머리에 떠오르나요?

→ _____ when you think of a desert?

(comes / what / to / your mind)

2 모든 사막이 노란 모래를 갖고 있지는 않다.

→ _____.

(yellow sand / not / all deserts / have)

3 어떤 사람들은 그것을 솔트 플랫이라고 부른다.

→ _____.

(some / it / a salt flat / people / call)

4 수천 년에 걸쳐, 표면에 소금이 쌓인다.

→ Over thousands of years, _____.

(on / the salt / the surface / builds up)

Come and Find Me!

A 주어진 의미에 맞는 단어를 <보기>에서 골라 빈칸을 채우세요.

> **보기** horrible place rise humid grow everywhere take a close look

동사 1. 자라다 2. 재배하다, 기르다	Most plants ❶ well under sunlight. 대부분의 식물은 햇빛 아래서 잘 <u>자란다</u>.
자세히 보다, 주의 깊게 보다	She will ❷ at your homework. 그녀는 네 숙제를 <u>자세히 볼</u> 것이다.
동사 (빵 등이) 부풀다, 부풀어 오르다	He saw the bread ❸ in the oven. 그는 오븐 안에서 빵이 <u>부푸는</u> 것을 보았다.
명사 곳, 장소	Keep your key in a safe ❹ . 네 열쇠를 안전한 <u>곳</u>에 보관해라.
부사 어디에나	In spring, you can see many flowers ❺ . 봄에, 너는 많은 꽃들을 <u>어디에나</u> 볼 수 있다.
형용사 무서운, 끔찍한	Emma thinks snakes are ❻ . Emma는 뱀이 <u>무섭다고</u> 생각한다.
형용사 습한, 습기 있는	Summer in Korea is hot and ❼ . 한국의 여름은 덥고 <u>습하다</u>.

B 아래 문장에서 주어에는 ○표, 동사에는 밑줄을 치세요.

> 보기 Hello, (I) <u>am</u> a fungus.

❶ Mushrooms grow in dark, cool, and humid places.

❷ We can also make great cheese and yogurt.

❸ So you may find some under a tree.

❹ Then take a close look at the tree.

C 주어진 우리말과 뜻이 같도록 문장을 완성해 보세요.

❶ 당신은 또한 그 위에서 초록색의 무언가를 발견할지도 모른다.

→ _____ on it.

(something / you / green / find / may also)

❷ 우리는 또한 빵과 같은 음식 안에 있다.

→ _____ .

(in / like bread / we / foods / are also)

❸ 당신도 보다시피, // 우리는 어디에나 있다.

→ _____ , // _____ .

(everywhere / you / are / we / can see / as)

❹ 우리 중 몇몇은 사실 당신의 친구가 되고 싶다.

→ _____ .

(your friends / actually want / some of us / to be)

Old Friends of Humans

A 주어진 의미에 맞는 단어를 <보기>에서 골라 빈칸을 채우세요.

| 보기 | light   exist   save   type   business   taste   discover   learn |

동사 (생명을) 구하다	Doctors work hard to ❶ _____ lives. 의사들은 생명을 <u>구하기</u> 위해 열심히 일한다.
동사 발견하다	Scientists will ❷ _____ a cure for the disease. 과학자들은 그 병에 대한 치료법을 <u>발견할</u> 것이다.
동사 존재하다	Does life ❸ _____ on Mars? 화성에 생명체가 <u>존재할까</u>?
명사 종류, 유형	She created a new ❹ _____ of fashion. 그녀는 새로운 <u>유형</u>의 패션을 만들어 냈다.
동사 배우다, 익히다, 알게 되다	Where did you ❺ _____ to paint? 너는 그림 그리는 것을 어디서 <u>배웠니</u>?
명사 사업	She recently started a cake ❻ _____ . 그녀는 최근에 케이크 <u>사업</u>을 시작했다.
형용사 가벼운	This bakery's bread is ❼ _____ and tasty. 이 빵집의 빵은 <u>가볍고</u> 맛있다.
동사 1. (~한) 맛이 나다 　　2. ~을 맛보다	Lemons ❽ _____ very sour. 레몬은 매우 신 <u>맛이 난다</u>.

B 아래 문장에서 주어에는 ○표, 동사에는 밑줄을 치세요.

> 보기 (The ancient Egyptians) <u>ate</u> flatbread.

1 Fungi existed on Earth before humans.

2 Dr. Fleming discovered penicillin from green mold.

3 Over the next 200 years, growing mushrooms became "big business."

4 The ancient Aztecs and Egyptians ate fungi, but didn't grow them.

C 주어진 우리말과 뜻이 같도록 문장을 완성해 보세요.

1 인류는 기원전 10,000년에 처음으로 균류를 사용하기 시작했다.

→ _____ in 10,000 B.C.

(first started / fungi / humans / to use)

2 그들은 그것들을 사용하는 다양한 방법을 발견했다.

→ _____ .

(various ways / they / discovered / them / to use)

3 효모는 그들의 빵을 가볍고 폭신하게 만들었다.

→ _____ .

(their bread / light and airy / yeast / made)

4 그것은 또한 그 빵을 플랫브레드보다 맛이 더 좋게 만들었다.

→ _____ than flatbread.

(also made / taste better / it / the bread)

03 A Day in the Woods

A 주어진 의미에 맞는 단어를 <보기>에서 골라 빈칸을 채우세요.

| 보기 | look in　seed　look for　bad　take a photo　step on　hurt |

~을 찾다, 구하다	Birds move south to ❶ food in winter. 새들은 겨울에 음식을 구하기 위해 남쪽으로 이동한다.
들여다보다	❷ the top drawer for your socks. 네 양말을 찾으려면 맨 위 서랍을 들여다보아라.
~을 밟다	Don't ❸ the broken glass. 깨진 유리를 밟지 마라.
명사 씨앗	The ❹ needs water to grow. 그 씨앗이 자라기 위해서는 물이 필요하다.
사진을 찍다	Can you ❺ of your pet? 네 반려동물의 사진을 찍을 수 있겠니?
동사 다치게 하다	Farmers sometimes ❻ nature to grow food. 농부들은 식량을 재배하기 위해 때때로 자연을 다치게 한다[해친다].
형용사 안 좋은, 나쁜	The weather was ❼ . We had to come back home. 날씨가 안 좋았다. 우리는 집으로 돌아와야 했다.

B 아래 문장에서 주어에는 ○표, 동사에는 밑줄을 치세요.

> 보기   One day, (we) were in the woods.

❶ They are interesting mushrooms.

❷ Spores are like seeds for mushrooms.

❸ Then I started to feel bad.

❹ Mom came and looked.

C 주어진 우리말과 뜻이 같도록 문장을 완성해 보세요.

❶ 엄마는 종종 몇 개를 자신의 직장으로 가져가신다.

→ _____ .

(to her work / mom / often takes / some)

❷ 나는 그것들을 모두 알아보려고 한다.

→ _____ .

(I / identify / them all / try to)

❸ 그것은 그것들의 포자들이 어디에나 가도록 만든다!

→ _____ !

(their spores / makes / go everywhere / it)

❹ 나는 사실 그것들이 더 많이 자라도록 도왔다!

→ _____ !

(more / I / grow / actually helped / them)

04 Poison in Nature

A 주어진 의미에 맞는 단어를 <보기>에서 골라 빈칸을 채우세요.

> 보기 bright wild remove myth belief turn facts

형용사 야생의 명사 야생	Don't get close to ❶ animals. 야생동물에 가까이 가지 말아라.
동사 1. (~한 상태로) 되게 하다 2. 돌다, 돌리다	Hot days ❷ food sour. 더운 날들은 음식을 상하게 만든다.
명사 근거 없는 믿음	That bananas grow on trees is a ❸ . 바나나가 나무에서 자란다는 것은 근거 없는 믿음이다.
동사 제거하다	Can you ❹ the stain on my shirt? 내 셔츠에 있는 얼룩을 제거해줄래요?
명사 사실	The news reports are based on ❺ . 그 뉴스 기사들은 사실에 기반하고 있다.
형용사 밝은	She wore a ❻ yellow dress. 그녀는 밝은 노란색 드레스를 입었다.
명사 믿음, 신념	His ❼ in volunteer work is strong. 그의 봉사활동에 대한 믿음은 강하다.

B 아래 문장에서 주어에는 ○표, 동사에는 밑줄을 치세요.

> 보기 (People) <u>get</u> sick from wild mushrooms.

❶ Heat cannot remove fungal poison.

❷ Cooking will make any mushrooms safe.

❸ Poisonous mushrooms always have bright colors.

❹ Silver turns poisonous mushrooms dark.

C 주어진 우리말과 뜻이 같도록 문장을 완성해 보세요.

❶ 사람들은 버섯 중독으로 죽을 수도 있다.

→ _____ .

(mushroom poisoning / can / die from / people)

❷ 모든 버섯은 검게 된다 // 당신이 그것들을 손상시키면.

→ All mushrooms become dark // _____ .

(them / damage / when / you)

❸ 독버섯은 고약한 냄새가 나고 맛이 없다.

→ _____ .

(smell / poisonous mushrooms / bad / and taste)

❹ 당신이 그렇지 않다면, // 야생에 있는 아무것도 만지지 마라.

→ _____ , // _____ .

(don't / touch / you / any / don't / if / in the wild)

Soul Food

A 주어진 의미에 맞는 단어를 <보기>에서 골라 빈칸을 채우세요.

> 보기 describe roots culture fried common traditional fry fight for

명사 문화	We learned about Italian ❶ _____ . 우리는 이탈리아 <u>문화</u>에 대해 배웠다.
형용사 전통의	Hanbok is ❷ _____ Korean clothing. 한복은 <u>전통</u> 한국 의상이다.
동사 묘사하다, 말하다	People ❸ _____ him as a good dad. 사람들은 그를 좋은 아빠라고 <u>묘사한다</u>.
~을 얻기 위해 싸우다	The players will ❹ _____ the first prize. 참가자들은 1등 상품을 얻기 위해 싸울 것이다.
동사 (기름에) 튀기다	❺ _____ the chicken for ten minutes. 닭을 10분간 <u>튀겨라</u>.
형용사 흔한	People don't use this word when they talk. It's not ❻ _____ . 사람들은 대화할 때 이 단어를 사용하지 않는다. 그것은 <u>흔하지</u> 않다.
명사 1. 뿌리, 기원 2. (식물의) 뿌리	The ❼ _____ of Flamenco are in Arabic music. 플라멩코의 <u>기원</u>은 아랍 음악에 있다.
형용사 (기름에) 튀긴, 튀겨진	I will eat ❽ _____ fish for dinner. 나는 저녁 식사로 <u>튀긴</u> 생선을 먹을 것이다.

B 아래 문장에서 주어에는 ○표, 동사에는 밑줄을 치세요.

> 보기 (The slaves) <u>kept</u> their traditional African recipes.

❶ "Soul food" wasn't common until the 1960s.

❷ So they fried foods like fish with cornmeal.

❸ Many people in the southern U.S. fought for their civil rights.

❹ Soul music, soul brothers, and soul food are examples of this.

C 주어진 우리말과 뜻이 같도록 문장을 완성해 보세요.

❶ 그들은 '솔'이라는 단어를 사용하기 시작했다.

→ _____.

(they / the word "soul" / to use / started)

❷ 솔 푸드는 그것의 뿌리를 두고 있다 / 아프리카 노예제도에.

→ _____ / in African slavery.

(its roots / has / soul food)

❸ 솔 푸드는 그들의 고향에서 온 음식과 같은 맛이 났다.

→ _____.

(like food / tasted / from their homes / Soul food)

❹ 그들은 열량이 높은 식사가 필요했다 / 오랜 시간 일하기 위해.

→ _____ / _____.

(long days / they / a high-calorie diet / for working / needed)

02 Hush Puppies

A 주어진 의미에 맞는 단어를 <보기>에서 골라 빈칸을 채우세요.

보기   answer   a few   bark   shocked   round   throw   dish

명사 음식, 요리	Creamy shrimp pasta is today's main ❶ . 크림 새우 파스타가 오늘의 주 요리이다.
동사 대답하다	My mother didn't ❷ my question. 엄마는 내 질문에 대답하지 않으셨다.
동사 던지다	❸ me that towel, please. 그 수건 좀 제게 던져주세요.
동사 (개·여우 등이) 짖다	Does your dog ❹ a lot? 당신의 개는 많이 짖나요?
여러, 몇몇의	There were ❺ mosquitos in the house. 그 집에 모기 몇 마리가 있었다.
형용사 깜짝 놀란, 충격을 받은	He was ❻ by her mean words. 그는 그녀의 못된 말들에 충격을 받았다.
형용사 동그란, 둥근	Will you hand me the ❼ plate? 내게 둥근 접시를 건네주겠니?

B 아래 문장에서 주어에는 ○표, 동사에는 밑줄을 치세요.

> 보기 (I)<u>was</u> relieved.

❶ Grandma was in the kitchen.

❷ People threw fried round balls at dogs.

❸ Then the dogs stopped barking.

❹ But I was still curious and asked Grandma about them.

C 주어진 우리말과 뜻이 같도록 문장을 완성해 보세요.

❶ 허시 퍼피스는 옥수숫가루로 만들어진단다.

→ _____.

(made / are / from cornmeal / hush puppies)

❷ 왜 그것들은 허시 퍼피스라고 불리나요?

→ _____?

(they / are / hush puppies / called / why)

❸ 그것에 대한 여러 이야기가 있단다.

→ _____.

(that / are / about / there / a few stories)

❹ 사람들은 말했다 // 동그란 덩어리들이 개들을 조용히 시켰다고!

→ People said // that _____!

(the dogs / the round balls / hushed)

A 주어진 의미에 맞는 단어를 <보기>에서 골라 빈칸을 채우세요.

보기 hour remember cheer upset freedom celebrate free celebration

명사 자유	The Statue of Liberty is a symbol of ❶ . 자유의 여신상은 자유의 상징이다.
명사 시간	We waited an ❷ for you. 우리는 너를 한 시간 동안 기다렸다.
명사 기념 행사, 축하 행사	His wedding ❸ was beautiful. 그의 결혼 축하연은 아름다웠다.
동사 기념하다, 축하하다	Let's ❹ your birthday! 네 생일을 축하하자!
동사 환호하다, 환호성을 지르다	Everyone here will stand and ❺ loudly. 여기 있는 모두가 일어서서 크게 환호성을 지를 것이다.
동사 기억하다	I ❻ my first day of school. 나는 개학 첫날을 기억한다.
형용사 속상한, 마음이 상한	He got ❼ by his friend. 그는 자신의 친구로 인해 마음이 상했다.
형용사 자유로운	She had ❽ access to all rooms. 그녀는 모든 방에 자유로운 출입이 가능했다.

B 아래 문장에서 주어에는 ○표, 동사에는 밑줄을 치세요.

> 보기 (Tiera) <u>was</u> upset.

① Her dad sat next to her.

② Slaves didn't have freedom.

③ They cheered and celebrated.

④ Grandpa Willie was a slave and had to work long hours.

C 주어진 우리말과 뜻이 같도록 문장을 완성해 보세요.

① 내일 우리는 기념행사가 있다.

→ _____ .

(Tomorrow / will have / we / a celebration)

② 그는 Willie 할아버지의 이야기를 말하기 시작했다.

→ _____ .

(telling / Grandpa Willie's / he / story / started)

③ 그들은 더 나은 미래를 위한 계획을 세웠다.

→ _____ .

(plans / a better future / they / for / made)

④ 그를 기억하고 솔 푸드로 기념하자.

→ _____ .

(and celebrate / let's remember / with soul food / him)

정답과 해설 p.64

04 Ray Charles

A 주어진 의미에 맞는 단어를 <보기>에서 골라 빈칸을 채우세요.

> 보기   blind   perform   success   mixing   create   similar   blend

형용사 눈이 먼, 맹인인	Doctors thought Kevin would go ❶ . 의사들은 Kevin이 눈이 멀게 될 것이라고 생각했다.
동사 만들어 내다	The cook wanted to ❷ a new dish. 그 요리사는 새로운 요리를 <u>만들어 내고</u> 싶었다.
동사 섞다, 혼합하다	He kept ❸ oil and water. 그는 기름과 물을 계속 <u>섞었다</u>.
동사 섞다, 혼합하다	Designers ❹ different colors and create a new type of fashion. 디자이너들은 다른 색들을 <u>섞어서</u> 새로운 유형의 패션을 만들어 낸다.
동사 연주하다, 공연하다	I want to see the pianist ❺ live. 나는 그 피아니스트가 실제로 <u>공연하는</u> 것을 보고 싶다.
형용사 비슷한, 유사한	His voice is ❻ to his father's. 그의 목소리는 그의 아버지의 목소리와 <u>비슷하다</u>.
명사 성공, 성과	My parents were happy with my ❼ . 부모님은 내 <u>성공</u>에 기뻐하셨다.

B 아래 문장에서 주어에는 ○표, 동사에는 밑줄을 치세요.

> 보기　(Ray Charles) was a musician.

① His playing style was similar to other musicians.

② Most of his songs became a big success.

③ In 1947, he moved to Seattle and performed in bands.

④ He started to lose his sight and was blind by the age of seven.

C 주어진 우리말과 뜻이 같도록 문장을 완성해 보세요.

① 그는 그의 독특한 연주 방식으로 유명했다.

→ _____ .

(famous for / he / his / unique / was / playing style)

② 그는 피아노를 칠 수 있었다 // 그가 다섯 살이 되기 전에.

→ _____ // _____ .

(the piano / he / was / could play / five / before / he)

③ 그는 계속해서 다양한 방식들을 섞었다.

→ _____ .

(kept / he / different styles / blending)

④ 다른 음악가들은 Charles를 천재라고 불렀다.

→ _____ .

(called / the Genius / other musicians / Charles)

01 A Mysterious Bat

A 주어진 의미에 맞는 단어를 <보기>에서 골라 빈칸을 채우세요.

보기 cut down enter swing suddenly pocket overnight leave

부사 하룻밤 동안	She left the windows open ❶ . 그녀는 하룻밤 동안 창문을 열어두었다.
(나무를) 베다, 자르다	He ❷ trees to make a chair. 그는 의자를 만들기 위해 나무를 잘랐다.
동사 휘두르다, 흔들다	❸ the baseball bat hard. 야구방망이를 세게 휘둘러라.
명사 주머니	He put the coins in his ❹ . 그는 동전들을 자신의 주머니에 넣었다.
동사 들어오다, 들어가다	You should knock before you ❺ . 너는 들어오기 전에 노크를 해야 한다.
동사 두고 가다, 남기다	Did Kate ❻ her phone at home? Kate는 집에 휴대전화를 두고 왔니?
부사 갑자기	The car ❼ stopped on the road. 그 차는 갑자기 도로 위에서 멈췄다.

B 아래 문장에서 주어에는 ○표, 동사에는 밑줄을 치세요.

> 보기 (It)<u>made</u> a very loud noise.

❶ The young man took the bat home.

❷ Suddenly, some goblins entered the house.

❸ He saw some hazelnuts and put them in his pocket.

❹ The young man was hungry, so he bit into a hazelnut.

C 주어진 우리말과 뜻이 같도록 문장을 완성해 보세요.

❶ 한 젊은이가 나무를 베고 있었다.

→ _____ .

(cutting down / a young man / was / trees)

❷ 그는 하룻밤 동안 거기서 자기로 결심했다.

→ _____ .

(he / decided / there / overnight / to sleep)

❸ 도깨비들은 겁먹고 도망갔다.

→ The goblins _____ .

(frightened / became / ran away / and)

❹ 그들은 그들의 방망이 중 하나를 집 안에 두고 갔다.

→ _____ .

(they / in the house / one of / left / their bats)

Thankful Trees

A 주어진 의미에 맞는 단어를 <보기>에서 골라 빈칸을 채우세요.

보기	tea stomachache around fever everything treat example

[전치사] ~ 주변에, ~ 주위에	There is no library ❶ here. 여기 <u>주위에</u> 도서관은 없다.
[명사] 예, 예시	The teacher showed an ❷ to explain more about kindness. 그 선생님은 친절함에 대해 더 설명하기 위해 <u>예시</u>를 보여 주셨다.
[명사] 차(茶)	She likes to drink green ❸ . 그녀는 녹<u>차</u>를 마시는 것을 좋아한다.
[대명사] 모든 것	My mother knows ❹ about me. 엄마는 나에 대한 <u>모든 것</u>을 안다.
[명사] 복통	Raw fish can cause a ❺ . 날생선은 <u>복통</u>을 일으킬 수 있다.
[명사] 열	Mina has a ❻ . She needs rest. Mina는 <u>열</u>이 있다. 그녀는 휴식이 필요하다.
[동사] 치료하다	You can ❼ the cold with herbs. 너는 약초로 감기를 <u>치료할</u> 수 있다.

B 아래 문장에서 주어에는 ○표, 동사에는 밑줄을 치세요.

> 보기 (People) still <u>love</u> *The Giving Tree* today.

① Some trees give us medicine.

② People can make tea with the leaves and bark of alder trees.

③ In real life, we can find giving trees around us.

④ With tree sap, we can make many things.

C 주어진 우리말과 뜻이 같도록 문장을 완성해 보세요.

① 그 책에서, 나무는 소년에게 모든 것을 준다.

→ In the book, _____ .

(the boy / the tree / everything / gives / to)

② 메이플 시럽은 단풍나무 수액으로 만들어진다.

→ _____ .

(is made from / maple tree sap / maple syrup)

③ 많은 사람들이 메이플 시럽을 즐긴다 // 그것이 맛있기 때문에.

→ _____ // because it is delicious.

(enjoy / many / maple syrup / people)

④ 그 차는 열과 상처를 치료하는 것을 도와준다.

→ _____ .

(the tea / to treat / fevers and wounds / helps)

03 Apollo and Daphne

A 주어진 의미에 맞는 단어를 <보기>에서 골라 빈칸을 채우세요.

보기	cold get away respect branch turn into prepare shoot

벗어나다, 탈출하다	I want to ❶ from the city life. 나는 도시 생활에서 <u>벗어나고</u> 싶어.
~으로 변하다	Milk can ❷ cheese or yogurt. 우유는 치즈나 요거트로 <u>변할</u> 수 있다.
[동사] 준비하다	I have to ❸ a report for the class. 나는 수업을 위해 보고서를 <u>준비해야</u> 한다.
[명사] 존중, 경의	You should show ❹ to your teacher. 너는 네 선생님을 <u>존중해야</u> 한다.
[형용사] (태도가) 차가운, 냉담한	He gave her a ❺ look. 그는 그녀에게 <u>차가운</u> 시선을 주었다.
[동사] (화살·총을) 쏘다	Police officers may ❻ their guns if necessary. 경찰관들은 필요시 총을 <u>쏠지도</u> 모른다.
[명사] 나뭇가지	The ❼ had no leaves. 그 <u>나뭇가지</u>에는 나뭇잎이 하나도 없었다.

B 아래 문장에서 주어에는 ○표, 동사에는 밑줄을 치세요.

> 보기 (Cupid) <u>was</u> the god of love.

① She asked her father for help.

② But it only made Daphne hate love.

③ His job was to make people fall in love with his bow and arrows.

④ Cupid was angry and prepared two kinds of arrows.

C 주어진 우리말과 뜻이 같도록 문장을 완성해 보세요.

① Apollo는 Cupid의 일을 존중하지 않았다.

→ _____ .

(for Cupid's job / didn't / show respect / Apollo)

② Cupid는 Daphne에게 또 다른 화살을 쐈다.

→ _____ .

(at Daphne / arrow / Cupid / shot / another)

③ 그는 Daphne를 월계수로 변하게 했다.

→ _____ .

(into / a bay tree / he / turned / Daphne)

④ 그는 왕관을 썼다 / 항상 Daphne와 함께 있기 위해.

→ _____ / _____ .

(wore / he / to always be / Daphne / the crown / with)

Christmas Tree

A 주어진 의미에 맞는 단어를 <보기>에서 골라 빈칸을 채우세요.

보기	add holiday tradition candle move choose during

명사 전통	In Spain, bullfighting is a **❶** . 스페인에서 투우는 전통이다.
전치사 ~ 동안	Bats sleep **❷** the day. 박쥐들은 낮 동안 잠을 잔다.
동사 더하다, 추가하다	You need to **❸** eggs to the batter. 달걀을 반죽에 추가해야 한다.
명사 양초	The **❹** smelled like roses. 그 양초는 장미 향이 났다.
동사 선택하다, 고르다	**❺** fresh tomatoes for the pizza. 피자를 위해 신선한 토마토를 골라라.
명사 휴일, 공휴일	She spent the **❻** at home. 그녀는 집에서 휴일을 보냈다.
동사 이주하다	His son is planning to **❼** to Seoul. 그의 아들은 서울로 이주할 계획을 세우고 있다.

B 아래 문장에서 주어에는 ○표, 동사에는 밑줄을 치세요.

> 보기   (People) <u>decorate</u> a Christmas tree during the holidays.

① He was the first person to add lights to a Christmas tree.

② One of them is about Martin Luther from Germany.

③ After that, he decorated a tree with candles.

④ One winter evening, Martin Luther saw evergreens under the stars.

C 주어진 우리말과 뜻이 같도록 문장을 완성해 보세요.

① 크리스마스트리는 많은 나라의 전통이다.

→ _____ .

(a tradition / many countries / is / the Christmas tree / in)

② 몇몇 사람들은 나무 농장에서 진짜 나무를 산다.

→ _____ .

(buy / some / a real tree / a tree farm / from)

③ 독일인들은 이 전통을 그들과 함께 가져갔다.

→ _____ .

(with them / these / Germans / traditions / took)

④ 머지 않아, 유럽 곳곳에 크리스마스트리가 있었다.

→ Soon _____ .

(all over / there were / Europe / Christmas trees)

01 The Giraffe in Paris

A 주어진 의미에 맞는 단어를 <보기>에서 골라 빈칸을 채우세요.

보기	gift on foot welcome visit catch call sail

걸어서	We will look around the area **❶** . 우리는 <u>걸어서</u> 그 지역을 둘러볼 것이다.
동사 항해하다	I want to **❷** around the world. 나는 전 세계를 <u>항해하고</u> 싶다.
동사 방문하다	When did you **❸** your grandmother? 너는 언제 네 할머니를 <u>방문했니</u>?
명사 환영 동사 환영하다	He gave Tony's friends a warm **❹** . 그는 Tony의 친구들을 따뜻하게 <u>환영해주었다</u>.
동사 ~라고 부르다	They decided to **❺** the dog Happy. 그들은 그 개를 Happy<u>라고 부르기로</u> 결정했다.
동사 잡다	The police wanted to **❻** the thieves. 경찰은 그 도둑들을 <u>잡고</u> 싶었다.
명사 선물	She gave me a birthday **❼** . 그녀는 내게 생일 <u>선물</u>을 주었다.

B 아래 문장에서 주어에는 ○표, 동사에는 밑줄을 치세요.

> 보기 (My family) <u>visited</u> a zoo yesterday.

❶ They don't choose to leave their homes.

❷ Then she sailed down the Nile River and across the ocean.

❸ Everyone in Paris gave her a big welcome.

❹ Some people called her "the Beautiful African."

C 주어진 우리말과 뜻이 같도록 문장을 완성해 보세요.

❶ Zarafa는 유럽의 첫 번째 기린 중 하나였다.

→ _____ .

(the first / Zarafa / one / in Europe / giraffes / of / was)

❷ Zarafa는 프랑스 왕을 위한 선물이었다.

→ _____ .

(the king / a gift / for / Zarafa / was / France / of)

❸ Zarafa가 프랑스에 도착했을 때, // 그녀는 걸어서 파리로 이동했다!

→ When Zarafa arrived in France, // _____ !

(Paris / moved to / she / on foot)

❹ 동물들은 선물로 다른 나라에 보내진다.

→ _____ .

(as gifts / other countries / animals / get sent to)

02 A Gift for a Country

A 주어진 의미에 맞는 단어를 <보기>에서 골라 빈칸을 채우세요.

> 보기   leader   type   show   sometimes   accept   already   also

명사 종류, 유형	I like this ❶ _____ of book. 나는 이런 종류의 책을 좋아한다.
동사 받다, 받아들이다	She didn't ❷ _____ money from her father. 그녀는 아버지로부터 돈을 받지 않았다.
동사 보여 주다	I will ❸ _____ him I'm smart. 나는 그에게 내가 똑똑하다는 것을 보여 줄 것이다.
명사 지도자	Percy is the ❹ _____ of the group. Percy는 그 그룹의 지도자이다.
부사 때때로, 가끔	❺ _____, I play soccer with my sister. 때때로, 나는 내 여동생과 축구를 한다.
부사 이미, 벌써	Jake ❻ _____ bought some flowers for Mia. Jake는 Mia를 위해 이미 꽃을 조금 샀다.
부사 또한	Emma likes to sing. ❼ _____, she likes to dance. Emma는 노래 부르기를 좋아한다. 또한, 그녀는 춤추기도 좋아한다.

B 아래 문장에서 주어에는 ○표, 동사에는 밑줄을 치세요.

> 보기   (Some animals) are a symbol of a country.

① Countries use animals to show their ties with other countries.

② Also, China sends its national treasure, giant pandas, to other countries.

③ For example, Thailand tried to send elephants to America in the 1860s.

④ An Egyptian leader gave giraffes as gifts to kings in other countries.

C 주어진 우리말과 뜻이 같도록 문장을 완성해 보세요.

① 나라들은 선물로 그들의 토종 동물들을 보낸다.

→ Countries _____ .

(native / animals / send / their / as gifts)

② 나라들은 항상 선물들을 받지는 않는다 / 다른 나라에서 온.

→ _____ / from other countries.

(gifts / countries / always / accept / don't)

③ 하지만 Abraham Lincoln은 그 선물을 받지 않았다.

→ _____ .

(accept / Abraham Lincoln / but / didn't / the gift)

④ 미국은 이미 더 좋은 종류의 운송 수단을 가지고 있었다.

→ _____ .

(already had / transportation / types of / America / better)

03 My Dad's Work

A 주어진 의미에 맞는 단어를 <보기>에서 골라 빈칸을 채우세요.

보기	proud of peace workplace each other gather between introduce

[대명사] 서로	They sat next to ❶ . 그들은 <u>서로</u> 바로 옆에 앉았다.
~을 자랑스러워하는	Your parents must be ❷ you. 부모님께서 당신을 <u>자랑스러워하</u>시겠어요.
[동사] 소개하다	Let me ❸ you to him. 제가 당신을 그에게 <u>소개해</u> 줄게요.
[명사] 직장	He will return to his ❹ in a week. 그는 그의 <u>직장</u>으로 일주일 안에 돌아올 것이다.
[동사] 모으다	Bees ❺ honey from flowers. 벌들은 꽃들로부터 꿀을 <u>모은다</u>.
[명사] 평화	Her favorite movie is "War and ❻ ." 그녀가 가장 좋아하는 영화는 "전쟁과 <u>평화</u>"이다.
[전치사] ~ 사이에	There are no bad feelings ❼ them. 그들 <u>사이에는</u> 안 좋은 감정이 없다.

B 아래 문장에서 주어에는 ○표, 동사에는 밑줄을 치세요.

> 보기 (People) here <u>do</u> many things.

❶ Some introduce our country to others.

❷ My family moved to Canada last year because of my dad's work.

❸ Diplomats like me work for their country.

❹ Now I know more, and I am proud of my dad.

C 주어진 우리말과 뜻이 같도록 문장을 완성해 보세요.

❶ 나와 같이 가자. 내가 너에게 구경시켜 줄게.

→ _____. _____.

(I'll / me / around / with / you / come / show)

❷ 그들은 무역이나 평화와 같은 일들에 대해 이야기한다.

→ _____.

(talk about / they / like / things / trade or peace)

❸ 다른 사람들은 정치에 대한 정보를 모은다.

→ _____.

(about / information / others / politics / gather)

❹ 처음에는, / 나는 그의 직업에 대해 많이 알지 못했다.

→ At first, / _____.

(I / about / didn't / his job / much / know)

04 Yi Ye

A 주어진 의미에 맞는 단어를 <보기>에서 골라 빈칸을 채우세요.

보기 bring back   peaceful   rest   number   friendly   over   stay

명사 나머지	Where is the ❶ of the cake? 케이크의 나머지는 어디에 있니?
형용사 친한, 우호적인	She is a warm and ❷ person. 그녀는 따뜻하고 친절한 사람이다.
전치사 ~ 동안에	We'll talk about the problem ❸ lunch. 우리는 점심을 먹는 동안에 그 문제에 대해 이야기할 것이다.
명사 수, 숫자	His favorite ❹ is seven. 그가 제일 좋아하는 수는 일곱이다.
동사 1. 머물다 2. ~인 채로 있다	They will ❺ home today. 그들은 오늘 집에 머무를 것이다.
다시 데려오다	They can't ❻ the customers. 그들은 그 고객들을 다시 데려올 수 없다.
형용사 평화로운	His goal is to make a ❼ world without war. 그의 목표는 전쟁이 없는 평화로운 세상을 만드는 것이다.

B 아래 문장에서 주어에는 ○표, 동사에는 밑줄을 치세요.

> 보기 (He) <u>was</u> the greatest diplomat.

❶ The Japanese Navy took his mother.

❷ He understood their pain better than anyone.

❸ Yi Ye chose to stay peaceful and friendly with the enemy.

❹ They could also get a place to stay and food to eat.

C 주어진 우리말과 뜻이 같도록 문장을 완성해 보세요.

❶ 일본 해군은 한국에서 사람들을 포로로 잡았다.

→ _____ .

(from / captured / the Japanese Navy / Korea / people)

❷ 이예는 667명의 한국인들을 일본에서 다시 데려왔다.

→ _____ .

(667 Koreans / from / Yi Ye / brought back / Japan)

❸ 그는 그녀를 찾았다 / 그의 남은 생애 동안.

→ _____ / _____ .

(looked for / he / the rest of / her / for / his life)

❹ 일본인들은 20일 동안 한국에 머물 수 있었다.

→ _____ for 20 days.

(in Korea / stay / the Japanese / could)

MEMO

MEMO

왓츠리딩 What's Reading

한눈에 보는
왓츠 Reading 시리즈

70 A|B | **80** A|B

90 A|B | **100** A|B

1 체계적인 학습을 위한 시리즈 및 난이도 구성
2 재미있는 픽션과 유익한 논픽션 50:50 구성
3 이해력과 응용력을 향상시키는 다양한 활동 수록
4 지문마다 제공되는 추가 어휘 학습
5 워크북과 부가자료로 완벽한 복습 가능
6 학습에 편리한 차별화된 모바일 음원 재생 서비스
   → 지문, 어휘 MP3 파일 제공

단계	단어 수 (Words)	Lexile 지수
70 A	60 ~ 80	200-400L
70 B	60 ~ 80	
80 A	70 ~ 90	300-500L
80 B	70 ~ 90	
90 A	80 ~ 110	400-600L
90 B	80 ~ 110	
100 A	90 ~ 120	500-700L
100 B	90 ~ 120	

* Lexile(렉사일) 지수는 미국 교육 연구 기관 MetaMetrics에서
  개발한 독서능력 평가지수로, 미국에서 가장 공신력 있는 지수로
  활용되고 있습니다.

부가자료 다운로드
www.cedubook.com

LISTENING Q

중학영어듣기 모의고사 시리즈

1 최신 기출을 분석한 유형별 공략

· 최근 출제되는 모든 유형별 문제 풀이 방법 제시
· 오답 함정과 정답 근거를 통해 문제 분석
· 꼭 알아두어야 할 주요 어휘와 표현 정리

2 실전모의고사로 문제 풀이 감각 익히기

실전 모의고사 20회로 듣기 기본기를 다지고,
고난도 모의고사 4회로 최종 실력 점검까지!

3 매 회 제공되는 받아쓰기 훈련(딕테이션)

· 문제풀이에 중요한 단서가 되는
  핵심 어휘와 표현을 받아 적으면서 듣기 훈련!
· 듣기 발음 중 헷갈리는 발음에 대한 '리스닝 팁' 제공
· 교육부에서 지정한 '의사소통 기능 표현' 정리

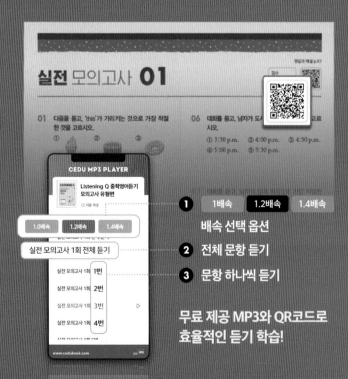

1 배속 선택 옵션

2 전체 문항 듣기

3 문항 하나씩 듣기

무료 제공 MP3와 QR코드로
효율적인 듣기 학습!

쎄듀

초등코치
천일문 *sentence*

1,001개 통문장 암기로 영어의 기초 완성

1 | 초등학생도 쉽게 따라 할 수 있는 암기 시스템 제시

2 | 암기한 문장에서 자연스럽게 문법 규칙 발견

3 | 영어 동화책에서 뽑은 빈출 패턴으로 흥미와 관심 유도

4 | 미국 현지 초등학생 원어민 성우가 녹음한 생생한 MP3

5 | 세이펜(음성 재생장치)을 활용해 실시간으로 듣고 따라 말하는 효율적인 학습 가능

　 Role Play 기능을 통해 원어민 친구와 1:1 대화하기!

　 * 기존 보유하고 계신 세이펜으로도 핀파일 업데이트 후 사용 가능합니다.

　 * Role Play 기능은 '레인보우 SBS-1000' 이후 기종에서만 기능이 구현됩니다.

내신, 수능, 말하기, 회화
목적은 달라도
시작은 초등코치 천일문!

with
세이펜

• 연계 & 후속 학습에 좋은 초등코치 천일문 시리즈 •

**초등코치 천일문
GRAMMAR 1, 2, 3**

－

1,001개 예문으로
배우는 초등 영문법

**초등코치 천일문
VOCA & STORY 1, 2**

－

1001개의 초등 필수 어휘와
짧은 스토리

쎄듀북닷컴(www.cedubook.com)에서 부가 자료를 무료로 다운로드할 수 있습니다.

쎄듀

EGU
THE EASIEST GRAMMAR&USAGE

EGU 시리즈 소개

EGU
서술형 기초
세우기

영단어&품사

서술형·문법의 기초가 되는
영단어와 품사 결합 학습

문장 형식

기본 동사 32개를 활용한
문장 형식별 학습

동사 써먹기

기본 동사 24개를 활용한
확장식 문장 쓰기 연습

EGU
서술형·문법
다지기

문법 써먹기

개정 교육 과정
중1 서술형·문법 완성

구문 써먹기

개정 교육 과정
중2, 중3 서술형·문법 완성

쎄듀북닷컴(www.cedubook.com)에서 부가 자료를 무료로 다운로드할 수 있습니다.

쎄듀

Words
100 B

Upgrade Your Reading Skills!

왓츠
리딩
What's Reading

김기훈 | 쎄듀 영어교육연구센터

정답과 해설

쎄듀

왓츠 리딩

What's Reading

Words

100 B

· 정답과 해설 ·

CHAPTER 1 Desert

01 A Beautiful Cactus pp.14 ~ 17

p. 15 **Check Up**	1 ③	2 ①	3 ②	4 ①	5 ⓐ: pray ⓑ: turned
p. 16 **Build Up**	1 (C), (D), (E)	2 (A), (F)	3 (B)		
p. 16 **Sum Up**	2 → 3 → 4 → 1				
p. 17 **Look Up**	A 1 come after	2 cactus		3 pray	
	B 1 chief - 추장, 족장		2 nowhere - 어디에도 (~ 없다)		
	3 grow up - 자라다, 성장하다		4 run away - 도망치다		
	C 1 picked		2 hid	3 land	

Check Up

1 사랑에 빠진 두 연인이 추장과 다른 남자들을 피해 도망치던 중 대지의 여신의 도움으로 평생 함께 하게 되었지만 선인장으로 변했다는 내용이므로 가장 알맞은 제목은 ③이다.

① 여신의 눈물 ② 마을에 있는 최고의 선인장

③ 선인장에 얽힌 슬픈 이야기 ④ 연인이 가장 좋아하는 식물

2 남자아이는 추장의 딸을 위해 꽃을 꺾었다고(~, a boy picked flowers for the beautiful daughter of the chief.) 했으므로 글의 내용과 틀린 것은 ①이다.

3 추장과 다른 남자들이 그 연인을 뒤쫓았다는(But the chief and other men came after them.) 내용은 있지만 그 남자들이 몇 명인지는 글에 없으므로 정답은 ②이다.

① 연인은 왜 산으로 도망쳤는가? ② 몇 명의 남자들이 연인을 뒤쫓았는가?

③ 연인은 왜 대지의 여신에게 기도했는가? ④ 다음 날 연인에게 무슨 일이 일어났는가?

4 빈칸 앞에서는 숨을 곳이 없던 연인이 기도하여, 대지의 여신이 산에 구멍을 열었다는 내용이다. 따라서 빈칸을 포함한 문장에서는 연인이 그 구멍 안에 '숨었다(hid)'는 내용이 흐름상 가장 자연스럽다.

① 숨었다 ② 울었다 ③ 떠났다 ④ 멈췄다

5 연인은 도망쳤고 대지의 여신에게 ⓐ 기도하기 시작했다. 다음 날, 그들은 선인장으로 ⓑ 변했다.

Build Up

1 연인은 — (C) 산으로 도망쳤다. (D) 여신에게 기도했다. (E) 선인장으로 변했다.

2 추장은 — (A) 남자아이를 좋아하지 않았다. (F) 연인을 뒤쫓았다.

3 대지의 여신은 — (B) 산에 구멍을 열었다.

Sum Up

2 남자아이는 추장의 딸과 사랑에 빠졌다. 그러나 추장은 그녀가 다른 사람과 결혼하기를 원했다. → **3** 그 연인은 도망쳤지만, 추장과 다른 남자들이 그들을 뒤쫓았다. →

4 그 연인은 숨을 곳이 어디에도 없었다. 그들은 대지의 여신에게 기도하기 시작했다. → **1** 그 여신은 구멍을 열었고 연인은 그곳에 숨었다. 그들은 다음 날 선인장으로 변했다.

끊어서 읽기

어느 북미 원주민 마을에서 / 한 남자아이가 꽃을 꺾었다 / 추장의 아름다운 딸을 위해.
¹In a Native American village, / a boy picked flowers / for the beautiful daughter

그 남자아이와 여자아이는 자랐다 / 그리고 사랑에 빠졌다. 그러나, / 추장은
of the chief. ²The boy and the girl grew up / and fell in love. ³However, / the chief

그 남자아이를 좋아하지 않았다. 그는 원했다 / 자신의 딸이 결혼하기를 / 다른 사람과.
didn't like the boy. ⁴He wanted / his daughter to marry / someone else.

그 연인이 들었을 때 / 이것에 대해, // 그들은 울었다. 그들은 도망쳤다 /
⁵When the couple heard / about this, // they cried. ⁶They ran away /

산으로. 그러나 추장과 다른 남자들이 / 그들을 뒤쫓았다.
to the mountains. ⁷But the chief and other men / came after them.

그 연인은 멈췄다 / 쉬기 위해 / 잠시 동안. 곧 그들은 보았다 / 남자들이
⁸The couple stopped / to rest / for a few minutes. ⁹Soon they saw / the men

그들을 뒤쫓는 것을. 그들은 어디에도 없었다 / 숨을. 그들은 기도하기 시작했다
coming after them. ¹⁰They had nowhere / to hide. ¹¹They started to pray

/ 대지의 여신에게. 그 여신은 구멍을 열었다 / 산에,
/ to the goddess of the land. ¹²The goddess opened a hole / in the mountain,

/ 그리고 그들은 그곳에 숨었다. 다음 날, / 그 연인은 선인장으로 변했다.
/ and they hid there. ¹³The next day, / the couple turned into a cactus.

⚜ 우리말 해석

아름다운 선인장

¹어느 북미 원주민 마을에서 한 남자아이가 추장의 아름다운 딸을 위해 꽃을 꺾었어요. ²그 남자아이와 여자아이는 자라서 사랑에 빠졌지요. ³그러나 추장은 그 남자아이를 좋아하지 않았어요. ⁴그는 자신의 딸이 다른 사람과 결혼하기를 원했답니다. ⁵그 연인은 이것에 대해 들었을 때 울었어요. ⁶그들은 산으로 도망쳤어요. ⁷하지만 추장과 다른 남자들이 그들을 뒤쫓았습니다.

⁸그 연인은 잠시 동안 쉬기 위해 멈췄어요. ⁹곧 그들은 남자들이 자신들을 뒤쫓는 것을 보았지요. ¹⁰그들은 숨을 곳이 어디에도 없었어요. ¹¹그들은 대지의 여신에게 기도하기 시작했어요. ¹²그 여신은 산에 구멍을 열었고, 그들은 그곳에 숨었어요. ¹³다음 날, 그 연인은 선인장으로 변했답니다.

⚜ 주요 문장 분석하기

⁴He **wanted** his daughter **to marry** someone else.

주어   동사   목적어   보어

→ 「want[wanted]+목적어+to+동사원형」의 형태로 '~가 …하기를 원하다[원했다]'라는 의미이다.

→ to marry someone else는 목적어 his daughter를 보충 설명한다.

⁹Soon they **saw** the men **coming** after them.

주어 동사 목적어   보어

→ 「see[saw]+목적어+동사원형+-ing」의 형태로 '~가 …하는 것을 보다[보았다]'라는 의미이다.

→ coming after them은 목적어 the men을 보충 설명한다.

¹⁰They had *nowhere* [**to hide**].

주어 동사   목적어

→ nowhere는 '어디에도 ~ 없다'의 의미이다.

→ to hide는 '숨을'이라고 해석하며, nowhere를 뒤에서 꾸며준다.

¹²The goddess opened *a hole* [in the mountain], **and** they hid there.

주어1   동사1   목적어1   주어2 동사2

→ in the mountain은 a hole을 뒤에서 꾸며준다.

→ 두 개의 문장은 접속사 and로 연결되어 있다.

p. 19 Check Up	1 ②	2 (a) × (b) ○ (c) ○	3 ②	4 ③	

5 ⓐ: **roots** ⓑ: **deep**

p. 20 Build Up ⓐ **huge** ⓑ **dry** ⓒ **spines** ⓓ **home**

p. 20 Sum Up ⓐ **survive** ⓑ **roots** ⓒ **sand** ⓓ **water** ⓔ **during**

p. 21 Look Up　A　1 spine　　2 less　　　3 nest
　　　　　　　　B　1 instead - 대신에　　2 move out - 나가다, 이사를 가다
　　　　　　　　　　3 giant - 거대한　　4 take over - 넘겨받다
　　　　　　　　C　1 less　　　2 deep　　　3 survive

Check Up

1 사와로 선인장이 건조한 사막에서도 생존할 수 있는 이유는 그것의 큰 뿌리 때문이며, 큰 가시로 다른 동물들로부터 자신을 보호한다는 내용이므로 정답은 ②이다.

2 (a) 사막 식물들은 물을 덜 잃기 위해서 잎을 작게 만든다고(The plants make their leaves small to lose less water.) 했으므로 글의 내용과 틀리다.
(b) 어떤 사막 식물들은 큰 뿌리를 갖고 있으며, 그 중 하나는 사와로 선인장이라고(One plant with huge roots is a saguaro cactus.) 했으므로 글의 내용과 맞다.
(c) 동물들은 쉽게 사와로 선인장을 먹을 수 없다고(~, so animals can't easily eat it.) 했으므로 글의 내용과 맞다.

3 빈칸을 포함한 문장은 '모든 사막 식물은 (A)한 날씨에서 생존할 수 있다'라는 내용이며, 빈칸 뒤에서 '식물들은 어떻게 많은 물 없이도 살 수 있는가'라는 질문이 이어진다. 따라서 빈칸 (A)는 '물이 없는, 건조한'의 의미를 가진 dry가 가장 알맞다.
① 젖은 ② 건조한 ③ 구름이 낀 ④ 화창한

4 사와로 선인장의 가시 때문에 동물들이 그것을 쉽게 먹을 수 없다고는 했지만 가시의 길이에 대한 내용은 글에 없다. 따라서 정답은 ③이다.

5
> 사와로 선인장은 큰 ⓐ 뿌리들을 갖고 있지만, 그것들은 모래 아래에 ⓑ 깊이 뻗어 있지 않다.

Build Up

사와로 선인장의 특징을 정리해 본다.

사와로 선인장
- 그것의 뿌리는 ⓐ (작고 / 거대하고) 사막을 가로질러 자란다.
- 그것은 많은 물을 담을 수 있고 ⓑ (건 / 우)기 동안 그 물을 사용한다.
- 그것은 큰 ⓒ (잎사귀들 / 가시들)이 있어서, 동물들이 그것을 쉽게 먹지 못한다.
- 그것은 몇몇 동물들에게 ⓓ (집 / 먹이)이다.

Sum Up

모든 사막 식물들은 건조한 날씨에서 ⓐ 생존할 수 있다. 그들 중 몇몇은 큰 ⓑ 뿌리들을 사용하여 물을 저장한다. 사와로 선인장은 거대한 뿌리가 있지만 그것들은 실제로 ⓒ 모래 아래에 깊이 뻗어 있지 않다. 비가 오면, 그것들은 ⓓ 물을 빠르게 흡수한다. 그 선인장은 800리터만큼 많은 물을 담을 수 있다. 그것은 나중에 건기 ⓔ 동안 그 물을 사용한다.

끊어서 읽기

모든 사막 식물들은 생존할 수 있다 / 건조한 날씨에서.   그것들은 어떻게 살까 / 많은 물 없이?
¹All desert plants can survive / in dry weather. ²How can they live / without much

그 식물들은 만든다 / 그들의 잎을 작게 / 보다 적은 물을 잃기 위해서.   어떤 사막
water? ³The plants make / their leaves small / to lose less water. ⁴Some desert

식물들은 가지고 있다 / 큰 뿌리를.   거대한 뿌리를 가진 한 식물은 / 사와로 선인장이다.
plants have / big roots. ⁵One plant with huge roots / is a saguaro cactus.

사와로 선인장의 뿌리는 자란다 / 사막을 가로질러.   하지만 그것들은 깊이 가지 않는다 /
⁶The roots of a saguaro cactus grow / across the desert. ⁷But they don't go deep /

모래 아래에.   비가 오면, // 뿌리는 빠르게 물을 흡수할 수 있다.   사와로
under the sand. ⁸When it rains, // the roots can quickly take in water. ⁹A saguaro

선인장은 담을 수 있다 / 800리터의 물만큼 많이.   그 선인장은 그 물을 사용한다 /
cactus can hold / as much as 800 liters of water. ¹⁰The cactus uses that water /

건기 동안.
during the dry season.

사와로 선인장은 큰 가시를 가지고 있다. // 그래서 동물들이 그것을 쉽게 먹을 수 없다.   대신에 /
¹¹A saguaro cactus has big spines, // so animals can't easily eat it. ¹²Instead, /

그 선인장은 집이다.   힐라딱따구리 같은 새들은 만든다 / 구멍을 그러고 나서
the cactus is a home. ¹³Birds like Gila woodpeckers make / a hole and then a

둥지를 / 그 식물 안에.   그들이 나가면, // 다른 동물들이 넘겨받는다 / 그들의 둥지를.
nest / in the plant. ¹⁴When they move out, // other animals take over / their nests.

우리말 해석

사막의 거대한 선인장
¹모든 사막 식물들은 건조한 날씨에서 생존할 수 있습니다. ²그것들은 어떻게 많은 물이 없어도 살 수 있을까요? ³그 식물들은 물을 덜 잃기 위해서 자신의 잎을 작게 만듭니다. ⁴어떤 사막 식물들은 큰 뿌리를 가지고 있어요. ⁵거대한 뿌리를 갖고 있는 한 식물이 사와로 선인장입니다.
⁶사와로 선인장의 뿌리는 사막을 가로질러 자라요. ⁷하지만 그것은 모래 아래에 깊이 뻗어 있지 않습니다. ⁸비가 오면 뿌리

는 물을 빠르게 흡수할 수 있어요. ⁹사와로 선인장은 800리터만큼 많은 물을 담을 수 있습니다. ¹⁰그 선인장은 건기 동안 그 물을 사용해요.

¹¹사와로 선인장이 큰 가시를 가지고 있어서, 동물들은 그것을 쉽게 먹을 수 없습니다. ¹²대신에, 그 선인장은 집이 됩니다. ¹³힐라딱따구리 같은 새들은 그 식물 안에 구멍을 내어 둥지를 만들어요. ¹⁴그들이 나가면, 다른 동물들이 그들의 둥지를 넘겨받는답니다.

🌿 주요 문장 분석하기

³The plants **make** their leaves *small* **to lose** less water.
  주어   동사   목적어   보어

→ 「make+목적어+형용사」 형태로 '~가 …하게 만들다'의 의미를 나타낸다.

→ to lose는 '잃기 위해서'라고 해석하며 목적을 나타낸다.

⁹A saguaro cactus can hold **as much as** 800 liters of water.
  주어   동사   목적어

→ 「as+형용사/부사+as」의 형태로 '~만큼 …한[하게]'라는 의미이다.

03	**The Sad Mother Volcano**				pp.22 ~ 25

p. 23 **Check Up**	1 ③	2 ④	3 ④	4 ④	5 ⓐ: ability ⓑ: salty
p. 24 **Build Up**	ⓐ fought	ⓑ angry	ⓒ took away	ⓓ became	
p. 24 **Sum Up**	ⓐ female	ⓑ male	ⓒ hid	ⓓ ability	ⓔ tears
p. 25 **Look Up**	A 1 female	2 tear	3 volcano		
	B 1 salty - 짠, 소금이 든	2 run over - ~ 위에 흐르다			
	3 fight - 싸우다	4 area - 지역			
	C 1 male	2 ability	3 took away		

Check Up

1 Tunupa가 아이를 잃고 너무 슬퍼 흘린 눈물과 모유 때문에 땅이 희고 짜게 되었다는 내용이므로 정답은 ③이다.

2 화가 난 신들이 화산의 움직이고 말하는 능력을 빼앗아서 Tunupa도 움직이거나 말할 수 없었다고(Like other volcanoes, Tunupa couldn't move or talk at all.) 했으므로 ④는 글의 내용과 틀리다.

3 빈칸 앞 문장에서는 Tunupa가 울었고, 빈칸 뒤에서는 그녀가 울었던 이유에 대한 내용이 나오므로 빈칸에는 이유를 나타내는 접속사 because(~ 때문에)가 가장 알맞다.
  ① 그래서 ② 만약에 ③ ~할 때 ④ ~ 때문에

4 땅이 희고 짜게 된 것은 Tunupa의 눈물과 모유가 땅 위에 흘러서라고(Her tears and mother's milk ran over the land. The land became white and salty because of Tunupa.) 했으므로 정답은 ④이다.

① 화산들은 어떻게 인간처럼 말할 수 있었는가?

② 남자 화산들은 어디에 그 아기를 숨겼는가?

③ 신들은 왜 아기의 아빠에 대해 알지 못했는가?

④ Tunupa는 어떻게 땅을 희고 짜게 만들었는가?

5
> Tunupa는 움직이고 말하는 ⓐ 능력을 잃어서 자신의 아기를 찾을 수 없었다. 그녀의 눈물과 모유는 땅을 희고 ⓑ 짜게 만들었다.

Build Up

원인	결과
Tunupa는 아기 화산을 낳았다. 그러나 아무도 누가 아기의 아빠인지 알지 못했다.	남자 화산들 모두가 그 아기의 아빠가 되고 싶었다. 그들은 ⓐ 싸우고 나서 그 아기를 빼앗았다.
신들은 ⓑ 화가 났다.	그들은 움직이고 말하는 화산의 능력을 ⓒ 빼앗았다.
Tunupa는 너무 슬펐고, 그녀의 눈물과 모유는 땅 위에 흘렀다.	땅이 희고 짜게 ⓓ 되었다.

Sum Up

> 오래전에, ⓐ 여자 화산인 Tunupa가 아기를 낳았다. 하지만, ⓑ 남자 화산들은 그 아기를 빼앗아서 ⓒ 숨겼다. 이것이 신들을 화나게 만들어서, 그들은 움직이고 말하는 화산의 ⓓ 능력을 빼앗았다. 여자 화산은 자신의 아기를 찾을 수 없었다. 그녀의 ⓔ 눈물과 모유는 땅 위에 흘렀다. 그것은 땅을 희고 짜게 만들었다.

🌾 끊어서 읽기

오래전에, / 화산들은 움직이고 말했다 / 인간처럼. 그들의 사막 지역에,
¹A long time ago, / the volcanoes moved and talked / like humans. ²In their desert

/ 유일한 여자 화산이 있었다. 그녀의 이름은 Tunupa였다. 어느 날, /
area, / there was only one female volcano. ³Her name was Tunupa. ⁴One day, /

그녀는 아기 화산을 낳았다. // 하지만 아무도 몰랐다 / 그 아기의 아빠가 누구인지
she had a baby volcano, // but no one knew / who the baby's father was.

모든 남자 화산들은 / 그 아기의 아빠가 되고 싶어 했다. 밤새도록 / 그들은 싸웠다.
⁵All of the male volcanoes / wanted to be the baby's father. ⁶All night / they fought.

결국, / 그들은 아기 화산을 빼앗았다 / 그리고 그를 숨겼다.
⁷In the end, / they took the baby volcano away / and hid him.

신들이 들었을 때 / 이것에 대해 // 그들은 화가 났다. 그들은 빼앗았다 /

⁸When the gods heard / about this, // they were angry. ⁹They took away / the

화산들의 능력을 / 움직이고 말하는. 다른 화산들처럼, / Tunupa는

volcanoes' ability / to move and talk. ¹⁰Like other volcanoes, / Tunupa

움직이거나 말할 수 없었다 / 전혀. 그녀는 울었다 // 자신의 아기를 찾을 수 없었기 때문에.

couldn't move or talk / at all. ¹¹She cried // because she couldn't find her baby.

그녀의 눈물과 모유가 / 땅 위로 흘렀다. 그 땅은 희고 짜게 되었다

¹²Her tears and mother's milk / ran over the land. ¹³The land became white and

/ Tunupa 때문에.

salty / because of Tunupa.

⚘ 우리말 해석

슬픈 엄마 화산

¹오래전에, 화산들은 인간처럼 움직이고 말을 했어요. ²그들의 사막 지역에는 유일한 여자 화산이 있었답니다. ³그녀의 이름은 Tunupa였지요. ⁴어느 날, 그녀는 아기 화산을 낳았지만, 아무도 그 아기의 아빠가 누구인지 알지 못했어요. ⁵모든 남자 화산들은 그 아기의 아빠가 되고 싶어 했어요. ⁶그들은 밤새도록 싸웠답니다. ⁷결국, 그들은 아기 화산을 빼앗아 그를 숨겼어요. ⁸신들이 이것에 대해 들었을 때, 그들은 화가 났어요. ⁹그들은 화산들의 움직이고 말하는 능력을 빼앗아 버렸답니다. ¹⁰다른 화산들처럼, Tunupa도 전혀 움직이거나 말할 수 없었어요. ¹¹그녀는 자신의 아기를 찾을 수 없었기 때문에 울었어요. ¹²그녀의 눈물과 모유가 땅 위로 흘러넘쳤지요. ¹³그 땅은 Tunupa 때문에 희고 짜게 되었답니다.

⚘ 주요 문장 분석하기

⁹They took away *the volcanoes' ability* [**to move and talk**].
　　　주어　　동사　　　　　　　　목적어
→ to move and talk는 '움직이고 말하는'으로 해석하며, 앞에 있는 the volcanoes' ability를 꾸며준다.

¹⁰Like other volcanoes, Tunupa **couldn't** move *or* (couldn't) talk at all.
　　　　　　　　　　　　주어　　　동사1　　　　　동사2
→ couldn't는 could not의 줄임말로 '~할 수 없었다'라는 의미이다.
→ or로 동사 couldn't move와 talk가 연결되었으며, talk 앞에 couldn't는 중복을 피하기 위해 생략되었다.

¹³The land became white and salty **because of** Tunupa.
　　　주어　　동사　　　보어
→ 「become[became]+형용사」는 '~해지다[해졌다]'는 의미이다.
→ because of는 '~ 때문에'의 의미로, 뒤에 명사나 대명사가 온다.

04   The Land Full of Salt pp.26 ~ 29

p. 27 **Check Up**	1 ① 2 ③ 3 ③ 4 ⓐ: cover ⓑ: salt
p. 28 **Build Up**	1 (C) 2 (A) 3 (B)
p. 28 **Sum Up**	ⓐ largest ⓑ dried-up ⓒ ground ⓓ dries up ⓔ salt
p. 29 **Look Up**	A 1 cover 2 lake 3 build up B 1 central - 중앙의, 중심의 2 dried-up - 바싹 마른 3 surface - 표면 4 thousand - 천, 1000 C 1 ground 2 think of 3 covered

Check Up

1 소금 사막의 특징과 형성 과정을 설명하는 내용이므로 정답은 ①이다.
   ① 특별한 사막: 소금 사막   ② 볼리비아에 있는 최고의 여행 장소
   ③ 소금 사막에서 나온 노란 소금   ④ 세계에서 소금의 중요성

2 소금 사막은 소금과 다른 광물들이 지면을 덮고 있다고(Instead of yellow sand, salt and other minerals cover the ground.) 했으므로 글의 내용과 틀린 것은 ③이다.

3 빈칸 앞에서는 사막을 생각하면 노란 모래가 있는 뜨겁고 건조한 장소가 떠오를지도 모른다고 했으며, 빈칸 뒤에서는 모든 사막이 그렇지 않다는 내용이다. 따라서 빈칸에는 반대의 의미를 가진 접속사 However(하지만)가 들어가야 알맞다.
   ① 또한 ② 그러고 나서 ③ 하지만 ④ 대신에

4
> 소금 사막에서는, 소금과 다른 광물들이 지면을 ⓐ 덮고 있다. 물이 바싹 마르면, ⓑ 소금은 땅 표면에 남는다.

Build Up

질문	대답
❶ 소금 사막은 무엇인가?	(C) 그것은 바싹 마른 사막 호수이다. 어떤 사람들은 그것을 솔트 플랫이라 부른다.
❷ 소금 사막은 다른 사막들과 어떻게 다른가?	(A 노란 모래 대신에, 소금과 다른 광물들이 지면을 덮고 있다.
❸ 소금 사막을 어디에서 찾을 수 있는가?	(B) 세계에서 가장 큰 것은 볼리비아에 있다. 다른 것들은 사하라 사막과 호주에 있다.

Sum Up

볼리비아의 우유니 사막은 세계에서 **a** <u>가장 큰</u> 소금 사막이다. 소금 사막은 **b** <u>바싹 마른</u> 사막 호수이다. 그 곳은 소금과 다른 광물들이 **c** <u>지면을</u> 덮고 있기 때문에, 노란 모래가 있는 다른 사막과 다르다. 물은 소금 사막에서 빠르게 **d** <u>바싹 마른다</u>. 그 물이 바싹 마르면, **e** <u>소금이</u> 표면에 남는다.

🌾 끊어서 읽기

무엇이 머리에 떠오르는가 // 사막을 생각하면? 뜨겁고 건조한 장소가 /
¹What comes to your mind // when you think of a desert? ²A hot and dry place /

노란 모래가 있는 / 먼저 떠오를지도 모른다. 하지만, 모든 사막이 뜨겁지는 않다 / 그리고 노란 모래를 가지고 있지도
with yellow sand / may come first. ³However, not all deserts are hot / and have yellow

(않다). 소금 사막은 바싹 마른 사막 호수이다. 어떤 사람들은 부른다 / 그것을 솔트 플랫이라고.
sand. ⁴A salt desert is a dried-up desert lake. ⁵Some people call / it a salt flat.

노란 모래 대신에, / 소금과 다른 광물들이 지면을 덮고 있다.
⁶Instead of yellow sand, / salt and other minerals cover the ground.

소금 사막에서, / 물은 빠르게 바싹 마른다. 물이 바싹 마르면, // 소금이 남는다 /
⁷In salt deserts, / water quickly dries up. ⁸When the water dries up, // salt stays / on

땅의 표면에. 수천 년에 걸쳐, / 소금이 쌓인다 / 표면에.
the surface of the ground. ⁹Over thousands of years, / the salt builds up / on the

세계에서 가장 큰 소금 사막인, / 우유니 사막은 / 볼리비아에 있다.
surface. ¹⁰The world's largest salt desert, / the Salar de Uyuni, / is in Bolivia.

당신은 또한 찾을 수 있다 / 다른 소금 사막을 / 사하라 사막에서 / 그리고 호주의
¹¹You can also find / other salt deserts / in the Sahara Desert / and in the central

중앙 사막에서.
deserts of Australia.

🌾 우리말 해석

소금으로 가득 찬 땅

¹사막을 생각하면 무엇이 머리에 떠오르나요? ²노란 모래가 있는 뜨겁고 건조한 장소가 먼저 떠오를지도 몰라요. ³하지만, 모든 사막이 뜨겁고 노란 모래를 갖고 있는 것은 아니에요. ⁴소금 사막은 바싹 마른 사막 호수입니다. ⁵어떤 사람들은 그것을 솔트 플랫이라고 불러요. ⁶노란 모래 대신에 소금과 다른 광물들이 지면을 덮고 있어요.

⁷소금 사막에서는 물이 빠르게 바싹 마릅니다. ⁸물이 마르면 소금이 땅 표면에 남아요. ⁹수천 년에 걸쳐, 표면에 소금이 쌓여요. ¹⁰세계에서 가장 큰 소금 사막인 우유니 사막은 볼리비아에 있습니다. ¹¹여러분은 사하라 사막과 호주의 중앙 사막에서도 다른 소금 사막을 찾을 수 있어요.

🌾 주요 문장 분석하기

²*A hot and dry place* [with yellow sand] **may** come first.
<u>　　　　　　　　　　　　　　　　</u>　　　　<u>　　　　</u>
　　　　　　　주어　　　　　　　　　　　　동사

→ with yellow sand는 A hot and dry place를 뒤에서 꾸며준다.

→ may는 '~할지도 모른다'의 의미로 추측을 나타내는 조동사이고, 뒤에 동사원형이 온다.

³However, **not all** deserts are hot **and** have yellow sand.
　　　　　　<u>　　　　　</u>　<u>　</u>　<u>　</u>　　　<u>　　</u>　<u>　　　　　</u>
　　　　　　　주어　　　동사1　보어1　　동사2　　목적어2

→ 「not all+명사」는 '모두 ~인 것은 아닌'이라는 의미로 부분 부정을 나타낸다.

→ 동사 are와 have가 and로 연결되어 있다.

¹⁰The world's largest salt desert, the Salar de Uyuni, is in Bolivia.
<u>　　　　　　　　　　　　</u>　<u>　　　</u>＝<u>　　　</u>　<u>　　　　　　</u>
　　　　주어　　　　　　　　　　　　　　　　　　　동사

→ The world's largest salt desert와 the Salar de Uyuni는 같은 대상을 의미한다.

Fungi

01 Come and Find Me! pp.32 ~ 35

p. 33 **Check Up**	1 ③	2 ③	3 ①	4 ③	5 ⓐ: mold ⓑ: everywhere

p. 34 **Build Up**	1 (B)	2 (C)	3 (A)

p. 34 **Sum Up**	ⓐ everywhere	ⓑ grow	ⓒ humid	ⓓ house	ⓔ foods

p. 35 **Look Up**	A	1 dough	2 bathroom	3 mold
	B	1 humid - 습한	2 place - 곳, 장소	
		3 rise - (빵 등이) 부풀다	4 take a close look - 자세히 보다	
	C	1 everywhere	2 grow	3 horrible

Check Up

1 이 글에서 '우리(we)'는 균류를 말하며 버섯, 곰팡이, 효모를 그 예로 들고 있다. 치즈는 균류가 만들 수 있는 음식 중 하나이므로 정답은 ③이다.

2 우리 주변에 균류가 많다고(There are many of us, fungi, around you.) 했으며, 버섯은 어둡고, 서늘하며 습한 곳에서 자란다고(Mushrooms grow in dark, cool, and humid places.) 했다. 균류는 치즈와 요구르트를 만들 수 있다고(We can also make great cheese and yogurt.) 했지만, 나무 위에 자라는 균류는 초록색이라고(You may also find something green on it. That's mold.) 했으므로 글의 내용과 틀린 것은 ③이다.

3 균류 중 버섯과 곰팡이는 어둡고, 서늘하면서 습한 곳에서 찾을 수 있다고 했으므로 정답은 ①이다.

4 빈칸 (A) 뒤에서 효모가 밀가루 반죽을 부풀게 한다는(Yeast makes dough rise, ~.) 내용이 등장하며, 그것을 구울 때 맛있고 부드러운 (B)가 된다고 했으므로 밀가루 반죽을 부풀게 하여 굽는 음식을 의미하는 말이 빈칸 (A)와 (B)에 들어가야 한다. 따라서 정답은 ③이다.
① 주스 ② 샐러드 ③ 빵 ④ 스테이크

5
> 균류는 버섯, ⓐ 곰팡이, 또는 효모가 될 수 있다. 우리는 그것들을 ⓑ 어디에나 찾을 수 있다.

Build Up

질문		대답
❶ 균류는 무엇인가?	—	(B) 그것들은 버섯, 곰팡이, 또는 효모가 될 수 있다.
❷ 우리는 균류를 어디서 찾을 수 있는가?	—	(C) 그것들은 나무 아래와 같은 어둡고, 서늘하고, 습한 곳을 좋아한다. 또한 그것들은 음식 안에도 있다.

❸ 사람들은 균류를 어떻게 사용하는가? — (A) 사람들은 빵과 치즈를 만들기 위해 그것들을 사용한다.

Sum Up

균류는 우리 주변에 **a** 어디에나 있다. 그것들은 버섯, 곰팡이, 또는 효모가 될 수 있다. 버섯은 대개 나무 아래에서 **b** 자라는데, 그곳이 어둡고, 서늘하며, **c** 습하기 때문이다. 균류는 당신의 **d** 집 안에도 있다. 당신은 그것들을 지하실이나 화장실 안에서 찾을 수 있다. 때때로 그것들은 빵과 치즈와 같은 **e** 음식 안에 있다.

끊어서 읽기

안녕, / 나는 균이다.　　우리 균류가 많이 있다. / 당신 주변에. 우리는 ~가 될 수 있다 /
¹Hello, / I am a fungus. ²There are many of us, fungi, / around you. ³We can be /

버섯, 곰팡이, 또는 효모.　　버섯은 자란다 / 어둡고, 서늘하고, 그리고 습한 곳에서.
mushrooms, mold, or yeast. ⁴Mushrooms grow / in dark, cool, and humid places.

그래서 당신은 몇몇을 찾을지도 모른다 / 나무 아래에서. 그때 자세히 봐 / 나무를.
⁵So you may find some / under a tree. ⁶Then take a close look / at the tree.

당신은 또한 ~을 발견할지도 모른다 / 초록색의 무언가 / 그 위에서. 그것은 곰팡이이다.
⁷You may also find / something green / on it. ⁸That's mold.

우리는 산다 / 당신의 집 안에서, / 또한. 어둡고, 서늘하고, 습한 곳을 생각해 보아라 /
⁹We live / inside your house, / too. ¹⁰Think of dark, cool, and humid places / like

지하실이나 화장실 같은. 당신은 검은 무언가가 보이는가 / 당신의 샤워 커튼 위에?
the basement or the bathroom. ¹¹Can you see something dark / on your shower

그것도 곰팡이이다.
curtains? ¹²That's also mold.

우리는 또한 ~ 안에 있다 / 빵과 같은 음식. 효모는 만든다 / 밀가루 반죽이 부풀게, // 그리고
¹³We are also in / foods like bread. ¹⁴Yeast makes / dough rise, // and when you

당신이 그 반죽을 구우면, // 그것은 맛있고 부드러운 빵이 된다. 하지만 그게 다가 아니다.
bake the dough, // it becomes delicious and soft bread. ¹⁵But that's not all.

우리는 또한 만들 수 있다 / 훌륭한 치즈와 요구르트를.
¹⁶We can also make / great cheese and yogurt.

당신도 보다시피, / 우리는 어디에나 있다. 우리는 무섭지 않다. 우리 중 몇몇은 사실
¹⁷As you can see, / we are everywhere. ¹⁸We aren't horrible. ¹⁹Some of us actually

원한다 / 당신의 친구가 되기를.
want / to be your friends.

🌱 우리말 해석

와서 저를 찾아보세요!

¹안녕하세요, 저는 균입니다. ²여러분 주변에는 우리 균류가 많이 있어요. ³우리는 버섯이나 곰팡이, 또는 효모가 될 수 있어요. ⁴버섯은 어둡고 서늘하며 습한 곳에서 자라요. ⁵그래서 여러분은 나무 밑에서 몇몇을 찾을지도 몰라요. ⁶그때 나무를 자세히 살펴보세요. ⁷아마 나무 위에서 초록색의 무언가를 발견할지도 몰라요. ⁸그것은 곰팡이입니다.

⁹우리는 여러분의 집 안에서도 살아요. ¹⁰지하실이나 화장실처럼 어둡고 서늘하며 습한 곳을 생각해 보세요. ¹¹샤워 커튼 위에 검은 무언가가 보이나요? ¹²그것도 곰팡이에요.

¹³우리는 또한 빵과 같은 음식 안에도 있어요. ¹⁴효모는 밀가루 반죽이 부풀게 만들고, 그 반죽을 구우면 맛있고 부드러운 빵이 돼요. ¹⁵하지만 그게 다가 아닙니다. ¹⁶우리는 훌륭한 치즈와 요구르트도 만들 수 있어요.

¹⁷보시다시피, 우리는 어디에나 있습니다. ¹⁸우리는 무섭지 않아요. ¹⁹우리 중 몇몇은 사실 여러분의 친구가 되고 싶어 해요.

🌱 주요 문장 분석하기

⁷You **may** also find *something green* on it.
　　주어　　　　　동사　　목적어

→ may는 '~일지도 모른다'는 의미의 추측을 나타내는 조동사로, 뒤에 동사원형이 온다.

→ something green에서처럼 -thing으로 끝나는 대명사는 형용사가 뒤에서 꾸며준다.

¹⁴Yeast **makes** dough **rise**, ~.
　주어　　동사　목적어　보어

→ 「make+목적어+동사원형」은 '~을 …하게 만들다'라는 의미이다.

→ rise는 목적어 dough를 보충 설명한다.

¹⁷**As** you can see, we are everywhere.
　　주어′　동사′　　주어　동사

→ as는 '~다시피, ~듯이'의 의미로, 문장과 문장을 연결하는 접속사이다.

¹⁹**Some of us** actually *want* to be your friends.
　　주어　　　　　　동사　　　목적어

→ 「some of+복수명사」는 '~ 중의 몇몇[일부]'란 의미이다.

→ 「want to+동사원형」은 '~하기를 원하다, ~하고 싶어 하다'라고 해석하며, to be your friends는 동사 want의 목적어이다.

02 | Old Friends of Humans pp.36 ~ 39

p. 37 **Check Up**	1 ③　　2 (a) ✕　(b) ✕　(c) ○　　3 ④　　4 ① 5 ⓐ: **existed** ⓑ: **ways**	
p. 38 **Build Up**	1 (B)　　2 (A)　　3 (C)	
p. 38 **Sum Up**	ⓐ **existed**　ⓑ **use**　ⓒ **yeast**　ⓓ **mushrooms**　ⓔ **discoverd**	
p. 39 **Look Up**	A 1 discover　　　　2 light　　　　　　3 medicine B 1 ancient - 고대의　　2 learn - 배우다, 익히다 　 3 type - 종류　　　　4 various - 다양한 C 1 tastes　　　　　2 exist　　　　　　3 saved	

Check Up

1 인류가 균류를 기원전 10,000년에 처음 사용하기 시작하여 점차 다양한 방법으로 그것을 사용하게 되었다는 내용이므로 정답은 ③이다.

2 (a) 균류는 인류가 존재하기 이전에 지구에 존재했다고(Fungi existed on Earth before humans.) 했으므로 글의 내용과 틀리다.

(b) 효모를 발견하기 전 고대 이집트인들이 플랫브레드를 먹었다고(The ancient Egyptians ate flatbread.) 했으므로 글의 내용과 틀리다.

(c) 1700년대부터 인간은 버섯을 재배하기 시작했으며, 그 후 200년 동안 이것은 큰 사업이 되었다고(Over the next 200 years, growing mushrooms became "big business.") 했으므로 글의 내용과 맞다.

3 효모는 빵을 가볍고 폭신하게 만들었다고(Yeast made their bread light and airy.) 했으므로 글의 내용과 틀린 것은 ④이다.

4 빈칸 뒤에서는 Fleming 박사가 푸른곰팡이에서 페니실린을 발견했다는 내용이므로 빈칸을 포함한 문장은 약에 'mold(곰팡이)'를 사용했다는 내용이 되어야 문맥상 자연스럽다.
① 곰팡이　② 효모　③ 동굴들　④ 버섯들

5
> 균류는 인류 이전에 지구에 ⓐ 존재했고, 인류는 그것들을 사용하는 다양한 ⓑ 방법들을 발견했다.

Build Up

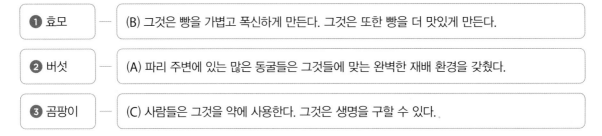

❶ 효모	— (B) 그것은 빵을 가볍고 폭신하게 만든다. 그것은 또한 빵을 더 맛있게 만든다.
❷ 버섯	— (A) 파리 주변에 있는 많은 동굴들은 그것들에 맞는 완벽한 재배 환경을 갖췄다.
❸ 곰팡이	— (C) 사람들은 그것을 약에 사용한다. 그것은 생명을 구할 수 있다.

Sum Up

균류의 역사

인류 이전	– 균류는 지구에 **a** 존재했다.
기원전 10,000년	– 인류가 균류를 **b** 사용하기 시작했다.
고대 이집트	– 고대 이집트인들이 **c** 효모를 발견하여 빵을 구울 때 그것을 사용했다.
1700년대	– 인류는 **d** 버섯을 재배하는 법을 배웠다.
Fleming 박사(1881~1955)	– Fleming 박사는 푸른곰팡이에서 페니실린을 **e** 발견했다.

🌿 끊어서 읽기

균류는 지구에 존재했다 / 인류 이전에. 인류는 처음으로 시작했다 / 균류를 사용하는 것을 /
[1]Fungi existed on Earth / before humans. [2]Humans first started / to use fungi / in

기원전 10,000년에. 그들은 발견했다 / 다양한 방법을 / 그것들을 사용하는.
10,000 B.C. [3]They discovered / various ways / to use them.

고대 이집트인들은 플랫브레드를 먹었다. 나중에, / 그들은 발견했다 / 균류의 일종인 효모를, /
[4]The ancient Egyptians ate flatbread. [5]Later, / they found / yeast, a type of fungi, /

그리고 그것을 사용했다 // 그들이 빵을 구울 때. 효모는 만들었다 / 그들의 빵을 가볍고 폭신하게. 그것은 또한
and used it // when they baked. [6]Yeast made / their bread light and airy. [7]It also

만들었다 / 그 빵을 맛이 더 좋게 / 플랫브레드보다.
made / the bread taste better / than flatbread.

고대 아즈텍 족과 이집트인들은 / 균류를 먹었다. / 하지만 그것들을 재배하지는 않았다.
[8]The ancient Aztecs and Egyptians / ate fungi, / but didn't grow them. [9]In the

1700년대에, / 인류는 배웠다 / 버섯을 재배하는 법을. 파리 주변에 있는 많은 동굴들은 /
1700s, / humans learned / to grow mushrooms. [10]Many caves around Paris / had

완벽한 재배 환경을 갖추고 있었다 / 버섯에 맞는. 그 후 200년 동안, /
perfect growing conditions / for mushrooms. [11]Over the next 200 years, / growing

버섯을 재배하는 것은 '큰 사업'이 되었다.
mushrooms became "big business."

사람들은 어떤 곰팡이를 사용했다 / 약에. Fleming 박사는 페니실린을 발견했다 /
[12]People used some mold / in medicine. [13]Dr. Fleming discovered penicillin /

푸른곰팡이에서. 페니실린은 수백만의 생명을 구했다.
from green mold. [14]The penicillin saved millions of lives.

🌿 우리말 해석

인류의 오랜 친구
[1]균류는 인류가 (존재하기) 이전에 지구에 존재했습니다. [2]인류는 기원전 10,000년에 처음으로 균류를 사용하기 시작했습니

다. ³그들은 그것들을 사용하는 다양한 방법을 발견했어요.

⁴고대 이집트인들은 플랫브레드를 먹었습니다. ⁵나중에, 그들은 균류의 일종인 효모를 발견하여 빵을 구울 때 그것을 사용했어요. ⁶효모는 그들의 빵을 가볍고 폭신하게 만들었습니다. ⁷그것은 또한 그 빵을 플랫브레드보다 맛이 더 좋게 만들었지요. ⁸고대 아즈텍 족과 이집트인들은 균류를 먹긴 했지만, 그것들을 재배하지는 않았습니다. ⁹1700년대에 인류는 버섯을 재배하는 법을 배웠어요. ¹⁰파리 주변에 있는 많은 동굴들은 버섯에 맞는 완벽한 재배 환경을 갖추고 있었죠. ¹¹그 후 200년 동안 버섯 재배는 '큰 사업'이 되었습니다.

¹²사람들은 약에 곰팡이를 사용했습니다. ¹³Fleming 박사는 푸른곰팡이에서 페니실린을 발견했어요. ¹⁴페니실린은 수백만의 생명을 구했답니다.

🌿 주요 문장 분석하기

²Humans first started **to use** fungi in 10,000 B.C.
　주어　　　　동사　　目적어
→ to use는 '사용하는 것'이라 해석하며, to use fungi는 동사 started의 목적어이다.

⁶Yeast **made** their bread light and airy.
주어　동사　목적어　　　보어
→ 「make[made]+목적어+형용사」의 형태로 '~을 …하게 만들다[만들었다]'라는 의미이다.
→ light and airy는 목적어 their bread를 보충 설명한다.

¹¹Over the next 200 years, **growing** mushrooms *became* "big business."
　　　　　　　　　　주어　　　　　동사　　　보어
→ growing은 '재배하는 것'이라고 해석하며, 문장의 주어 역할을 한다.
→ 「become[became]+명사」는 '~가 되다[되었다]'라는 의미이다.
→ "big business"는 주어 growing mushrooms를 보충 설명한다.

03	**A Day in the Woods**				pp.40 ~ 43

p. 41 **Check Up**	1 ②	2 (a) ○ (b) ○ (c) ×	3 puffballs	4 ④	5 ③
p. 42 **Build Up**	1 (B)	2 (C)	3 (D)	4 (A)	
p. 42 **Sum Up**	4 → 3 → 1 → 2				

p. 43 **Look Up**
A 1 woods　　2 step on　　3 take a photo
B 1 round - 둥근　　2 work - 직장
　3 often - 종종　　4 look in - 들여다보다
C 1 seeds　　2 hurt　　3 bad

Check Up

1 엄마와 숲에 갔다가 오래된 나무 아래에서 우연히 발견한 말불버섯에 대해 설명하는 내용이므로 정답은 ②이다.
① 말불버섯에 관한 책 ② 오래된 나무 아래 하얀 덩어리들 ③ 세계의 다양한 버섯들 ④ 숲에 관한 흥미로운 연구

2 (a) 글쓴이 '나'는 엄마와 함께 가끔 숲속에서 버섯을 찾는다고(Mom and I sometimes look for mushrooms together in the woods.) 했으므로 글의 내용과 맞다.
(b) 글쓴이 '나'는 집에 오면, 책을 보면서 자신이 발견한 버섯들이 무엇인지 알아보려 한다고(When I come home, I look in books and try to identify them all.) 했으므로 글의 내용과 맞다.
(c) 말불버섯을 우연히 발견한 사람은 엄마가 아니라 글쓴이이므로(I looked down and saw little round white balls around my foot.) 글의 내용과 틀리다.

3 말불버섯은 밟으면 더 많이 자라며[번식하며], 글쓴이가 그것들을 밟아서 더 많이 자라게[번식하게] 도와주었다는 내용이므로 밑줄 친 ⓐ는 puffballs를 가리킨다.

4 말불버섯은 작고 둥근 하얀 덩어리처럼 생겼다고(I looked down and saw little round white balls around my foot.) 했으며, 글쓴이는 말불버섯을 다치게 했다고 생각하여 미안한 기분이 들었다고(Then I started to feel bad. I thought I hurt them.) 했다. 또한 말불버섯은 더 많이 자라기[번식하기] 위해 누군가가 밟으면 자신의 포자를 사방에 퍼뜨린다고(It makes their spores go everywhere!) 했지만, 포자를 어떻게 만드는지에 대한 내용은 글에 없다. 따라서 정답은 ④이다.
① 말불버섯은 어떻게 생겼는가? ② 글쓴이는 왜 미안한 기분이 들었는가?
③ 말불버섯은 어떻게 더 많이 자라는가[번식하는가]? ④ 말불버섯은 어떻게 포자를 만드는가?

5 글쓴이는 말불버섯을 밟는 것이 그것들을 더 많이 자라게[번식하게] 하는 것이라는 사실을 알게 되어 기분이 나아졌다고 했으므로 빈칸을 포함한 문장은 계속 말불버섯을 '밟았다'는 내용이 흐름상 가장 자연스럽다.
① 연구했다 ② 들여다보았다 ③ 밟았다 ④ 사진을 찍었다

Build Up

질문		대답
❶ 말불버섯은 무엇인가?	—	(B) 그것들은 버섯의 한 종류이다.
❷ 말불버섯은 어떻게 생겼는가?	—	(C) 그것들은 작고 둥근 하얀 덩어리들처럼 생겼다.
❸ 말불버섯은 어디서 찾을 수 있는가?	—	(D) 그것들은 숲속의 오래된 나무 아래에서 산다.
❹ 말불버섯은 어떻게 더 많이 자라는가 [번식하는가]?	—	(A) 누군가가 그것들을 밟으면, 그것은 자신의 포자를 사방에 퍼지게 한다.

Sum Up

❹ 나는 오래된 나무 쪽으로 걸어갈 때 작은 하얀 덩어리들을 밟았다. → ❸ 엄마가 오셔서 내가 말불버섯을 밟았다고 말씀해 주셨다. →

❶ 나는 그것들을 밟아서 미안한 기분이 들었다. 내가 그것들을 다치게 했다고 생각했다. → ❷ 엄마는 내가 사실 그것들을 도와주었다고 말씀하셨다. 나는 기분이 나아져서 더 많이 밟았다.

끊어서 읽기

엄마와 나는 가끔 함께 버섯을 찾는다 / 숲에서. 엄마는
[1]Mom and I sometimes look for mushrooms together / in the woods. [2]Mom

종종 몇 개를 가져간다 / 자신의 직장으로 / 그리고 그것들을 연구한다. 나는 그것들을 사진 찍는다.
often takes some / to her work / and studies them. [3]I take photos of them. [4]When

나는 집에 오면, // 나는 책을 들여다본다 / 그리고 그것들을 모두 알아보려고 한다.
I come home, // I look in books / and try to identify them all.

어느 날, / 우리는 있었다 / 숲속에. 내가 걸어가고 있었을 때 / 오래된 한 나무 쪽으로, // 나는
[5]One day, / we were / in the woods. [6]When I was walking / toward an old tree, // I

무언가를 밟았다. 나는 내려다보았다 / 그리고 보았다 / 작고 둥근 하얀 덩어리들을 /
stepped on something. [7]I looked down / and saw / little round white balls /

내 발 주위에. 엄마가 왔다 / 그리고 봤다. 그녀는 말했다. "아, 네가 말불버섯을 찾았구나!
around my foot. [8]Mom came / and looked. [9]She said, "Oh, you found puffballs!

그것들은 흥미로운 버섯이야."
[10]They are interesting mushrooms."

그때 나는 미안한 기분이 들기 시작했다. 나는 생각했다 // 내가 그것들을 다치게 했다고. 엄마는 말했다. "걱정하지 마.
[11]Then I started to feel bad. [12]I thought // I hurt them. [13]Mom said, "Don't worry.

말불버섯은 좋아해 // 네가 그것들을 밟으면. 그것은 만든단다 / 그것들의 포자들이 어디에나 가도록!"
[14]Puffballs like it // when you step on them. [15]It makes / their spores go

포자는 씨앗과 같은 것이다 / 버섯에게. 나는 사실 도왔다 / 그것들이
everywhere!" [16]Spores are like seeds / for mushrooms. [17]I actually helped / them

더 많이 자라도록! 나는 기분이 나아졌다. 그리고 나서 나는 더 많은 말불버섯을 밟았다. 정말 재미있었다.
grow more! [18]I felt better. [19]Then I stepped on more puffballs. [20]It was very fun.

🌿 우리말 해석

숲에서의 하루

¹엄마와 나는 가끔 함께 숲에서 버섯을 찾습니다. ²엄마는 종종 몇 개를 직장에 가지고 가서 연구하세요. ³나는 그것들의 사진을 찍어요. ⁴집에 와서, 나는 책을 들여다보며 그것들이 모두 무엇인지 알아내려고 해요.

⁵어느 날, 우리는 숲속에 있었어요. ⁶나는 오래된 한 나무 쪽으로 걸어가고 있었을 때, 무언가를 밟았습니다. ⁷아래를 보니 내 발 주위에 작고 둥근 하얀 덩어리들을 보았어요. ⁸엄마가 와서 보셨어요. ⁹엄마는 "아, 네가 말불버섯을 찾았구나! ¹⁰그것들은 흥미로운 버섯이야."라고 말씀하셨어요.

¹¹그때 나는 미안한 기분이 들기 시작했어요. ¹²나는 내가 그것들을 다치게 했다고 생각했거든요. ¹³엄마는 말씀하셨죠, "걱정하지 마. ¹⁴말불버섯은 네가 밟으면 좋아한단다. ¹⁵그것들의 포자들이 사방에 퍼지게 하니까 말이야!" ¹⁶포자는 버섯의 씨앗과 같은 것이에요. ¹⁷사실 나는 그것들이 더 많이 자라도록[번식하도록] 도왔던 것이었어요! ¹⁸나는 기분이 나아졌어요. ¹⁹그리고 나서 나는 더 많은 말불버섯을 밟았어요. ²⁰정말 재미있었어요.

🌿 주요 문장 분석하기

⁶**When I *was walking* toward an old tree, I stepped on something.**
　　　주어′　동사′　　　　　　　　　　　　　　　　주어　동사　　목적어

→ When은 '~할 때'라는 의미로 시간을 나타낼 때 사용하는 접속사이다.

→ 「was[were]+동사원형+-ing」의 형태는 '~하는 중이었다'라는 뜻의 과거진행형이다.

⁷**I looked down and saw *little round white balls* [around my foot].**
주어　　동사1　　　　　동사2　　　　　　　　　　　목적어2

→ around my foot은 little round white balls를 뒤에서 꾸며준다.

¹²**I thought (that) I hurt them.**
주어　동사　　　주어′동사′　목적어′

→ 동사 thought는 「(that)+주어+동사」의 형태인 목적어를 가질 수 있다. 이때 that은 생략 가능하다.

→ 「(that)+주어+동사」는 '~하다는 것'이라고 해석한다.

¹⁵**It makes their spores go everywhere!**
주어　동사　　목적어　　　보어

→ 「make+목적어+동사원형」은 '~가 …하도록 만들다'라는 의미이다.

→ go everywhere는 목적어 their spores를 보충 설명한다.

¹⁷**I actually helped them grow more!**
주어　　　　동사　목적어　보어

→ 「help[helped]+목적어+(to)+동사원형」은 '~가 …하게 돕다[도왔다]'라는 의미이다.

→ grow more는 목적어 them을 보충 설명한다.

p. 45 **Check Up**	1 ④ 2 (a) ○ (b) × (c) ○ 3 ② 4 ①, ④
	5 ⓐ: **beliefs** ⓑ: **touch**
p. 46 **Build Up**	1 Myth 2 Fact 3 Myth 4 Fact 5 Myth 6 Myth 7 Fact
p. 46 **Sum Up**	ⓐ **poisoning** ⓑ **safe** ⓒ **wrong** ⓓ **touch**
p. 47 **Look Up**	A 1 damage 2 bright 3 heat
	B 1 safe - 안전한 2 belief - 믿음
	3 fact - 사실 4 myth - 근거 없는 믿음
	C 1 wild 2 remove 3 turned

Check Up

1 독버섯의 위험성을 설명하면서 사람들이 독버섯에 대해 갖고 있는 근거 없는 믿음을 사실로 바로잡는 글이므로 정답은 ④이다.

2 (a) 사람들은 버섯 중독으로 죽을 수도 있다고(People can get stomachaches or even die from mushroom poisoning.) 했으므로 글의 내용과 맞다.

(b) 독버섯과 안전한 버섯을 구별할 수는 없다고(You cannot tell the difference between poisonous mushrooms and safe ones.) 했으므로 글의 내용과 틀리다.

(c) 야생 버섯에 대해 완전히 이해하지 못했다면, 야생에서는 아무 버섯도 만지지 말라고(If you don't, do not touch any in the wild.) 했으므로 글의 내용과 맞다.

3 빈칸이 있는 문장에 대한 근거 없는 믿음은 은이 독버섯을 검게 만든다는 내용이므로, 사실에 해당하는 내용도 '검게' 만드는 것과 관련된 내용이어야 한다는 것을 알 수 있다. 따라서 빈칸에 가장 알맞은 것은 dark(검은)이다.
① 고약한 ② 검은 ③ 밝은 ④ 독이 있는

4 독버섯 중에는 밝은 색 대신, 흰색이거나 갈색인 것도 있다고 했으며, 열로도 그것의 독을 제거할 수 없다고 했으므로 정답은 ①, ④이다. 은이 독버섯을 검게 만들어 쉽게 구별할 수 있다는 것은 독버섯에 대한 근거 없는 믿음 (Myth: "Silver turns poisonous mushrooms dark.")이고, 고약한 냄새가 나거나 맛이 없다는 것 또한 독버섯에 대한 근거 없는 믿음(Myth: "Poisonous mushrooms smell and taste bad.") 중 하나이다.

5
> 야생 버섯에 대한 잘못된 ⓐ 믿음들이 있다. 당신이 야생 버섯에 대한 완전한 이해가 없다면[잘 알지 못한다면], 야생에 있는 아무 버섯도 ⓑ 만지지 마라.

Build Up

독버섯에 대한 근거 없는 믿음과 사실

❶ 그것들은 항상 밝은 색깔이다. ✔ 근거 없는 믿음 ☐ 사실
❷ 열은 균류의 독을 제거할 수 없다. ☐ 근거 없는 믿음 ✔ 사실
❸ 그것들은 고약한 냄새가 나고 맛이 없다. ✔ 근거 없는 믿음 ☐ 사실

❹ 그것들 중 일부는 흰색 또는 갈색이다.   ☐ 근거 없는 믿음   ☑ 사실

❺ 은은 그것들을 검게 변하게 한다.   ☑ 근거 없는 믿음   ☐ 사실

❻ 조리하는 것은 그것들을 안전하게 만들 것이다.   ☑ 근거 없는 믿음   ☐ 사실

❼ 모든 버섯은 당신이 그것들을 손상시키면 검게 된다.   ☐ 근거 없는 믿음   ☑ 사실

Sum Up

사람들은 버섯 **a** 중독으로 아프거나 심지어 죽을 수도 있다. 대부분의 사람들은 독버섯과 **b** 안전한 것들의 차이를 구별하지 못한다. 그들은 또한 야생 버섯에 대한 몇몇 **c** 잘못된 믿음을 가지고 있다. 그러므로 당신이 야생 버섯에 대한 완전한 이해가 없다면, 그것들 중 아무 버섯도 **d** 만지지 마라.

🌾 끊어서 읽기

매년, / 사람들이 아프게 된다 / 야생 버섯들로 인해.   사람들은 복통이 생길 수 있다 /
[1]Every year, / people get sick / from wild mushrooms. [2]People can get

또는 심지어 버섯 중독으로 죽을 수도 있다.   또한 몇 가지
stomachaches / or even die from mushroom poisoning. [3]There are also some

잘못된 믿음이 있다 / 야생 버섯에 대한.
wrong beliefs / about wild mushrooms.

근거 없는 믿음: "독버섯은 항상 밝은 색깔을 가지고 있다."
[4]Myth: "Poisonous mushrooms always have bright colors."

사실: 알광대버섯과 같은 일부 독버섯은,   / 흰색이거나 갈색이다.
[5]Fact: Some poisonous mushrooms, like death caps, / are white or brown.

근거 없는 믿음: "은은 변하게 한다 / 독버섯을 검게."
[6]Myth: "Silver turns / poisonous mushrooms dark."

사실: 모든 버섯은 검게 된다 // 당신이 그것들을 손상시키면.
[7]Fact: All mushrooms become dark // when you damage them.

근거 없는 믿음: "독버섯은 (고약한) 냄새가 나고 / 맛이 없다."
[8]Myth: "Poisonous mushrooms smell / and taste bad."

사실: 어떤 사람들은 말한다 // 그것들이 맛이 좋다고.
[9]Fact: Some people say // they taste good.

근거 없는 믿음: "조리하는 것은 만들 것이다 / 모든 버섯을 안전하게."
[10]Myth: "Cooking will make / any mushrooms safe."

사실: 열은 균류의 독을 제거할 수 없다.
[11]Fact: Heat cannot remove fungal poison.

당신은 차이를 구별할 수 없다 　/　 독버섯과 안전한 것 사이의.

¹²You cannot tell the difference / between poisonous mushrooms and safe ones.

당신은 가지고 있어야 한다 / 　야생 버섯에 대한 완전한 이해를. 　당신이 그렇지 않다면, //

¹³You must have / a full understanding of wild mushrooms. ¹⁴If you don't, //

아무것도 만지지 마라 　/ 　야생에 있는.

do not touch any / in the wild.

🌾 우리말 해석

자연의 독

¹매년 사람들이 야생 버섯으로 인해 아픕니다. ²사람들은 복통이 생기거나 심지어 버섯 중독으로 죽을 수도 있어요. ³야생 버섯에 대한 잘못된 믿음도 있습니다.

⁴근거 없는 믿음: "독버섯은 항상 밝은 색깔이다."

⁵사실: 알광대버섯과 같은 일부 독버섯은 흰색이거나 갈색이다.

⁶근거 없는 믿음: "은은 독버섯을 검게 만든다."

⁷사실: 모든 버섯은 손상시키면 검게 된다.

⁸근거 없는 믿음: "독버섯은 고약한 냄새가 나고 맛이 없다."

⁹사실: 어떤 사람들은 그것들이 맛있다고 한다.

¹⁰근거 없는 믿음: "조리하는 것은 모든 버섯을 안전하게 만들 것이다."

¹¹사실: 열은 균류의 독을 제거할 수 없다.

¹²여러분은 독버섯과 안전한 버섯의 차이를 구별할 수 없습니다. ¹³여러분은 야생 버섯에 대해 완전히 이해해야 합니다.

¹⁴그렇지 않다면, 야생에 있는 아무 버섯도 만지지 마세요.

🌾 주요 문장 분석하기

³**There are** also ***some wrong beliefs*** [about wild mushrooms].
　　　동사　　　　　　　　　주어

→ 「There are+복수명사」는 '~가 있다'라는 의미이다.

→ about wild mushrooms는 some wrong beliefs를 꾸며준다.

⁶Myth: "Silver **turns** poisonous mushrooms dark."
　　　　주어　동사　　목적어　　　보어

→ 「turn+목적어+형용사」는 '~을[를] …한 상태로 되게 하다'라는 의미이다.

→ dark는 목적어 poisonous mushrooms를 보충 설명한다.

¹⁰Myth: "**Cooking** will ***make*** any mushrooms safe."
　　　　주어　　　동사　　목적어　　보어

→ Cooking은 '조리하는 것'으로 해석하며, 문장의 주어이다.

→ 「make+목적어+형용사」는 '~을[를] …하게 만들다'라는 의미이다.

→ safe는 목적어 any mushrooms를 보충 설명한다.

¹⁴**If you don't**, <u>do not touch</u> ***any*** (wild mushrooms) [in the wild].

              동사   목적어

➔ If you don't는 '네가 하지 않다면'의 의미이다. 여기서는 앞 문장을 부정하는 의미로, If you don't have a full understanding of wild mushrooms를 의미한다.

➔ in the wild는 any를 꾸며준다. 앞 문장에 등장한 단어의 반복을 피하기 위해 wild mushrooms가 생략되었다.

CHAPTER 3

Soul Culture

01 Soul Food

p. 51 **Check Up**	1 ④	2 (a) ✕ (b) ✕ (c) ○	3 ②	4 ④
	5 ⓐ: kept ⓑ: fried			
p. 52 **Build Up**	1 (C)	2 (A)	3 (B)	
p. 52 **Sum Up**	ⓐ describe	ⓑ kept	ⓒ added	ⓓ recipes
p. 53 **Look Up**	A 1 fry	2 add	3 fight for	
	B 1 slavery - 노예제도	2 culture - 문화		
	3 comfort - 위로하다	4 root - 뿌리, 기원		
	C 1 traditional	2 common	3 describe	

Check Up

1 솔 푸드에서 '솔(soul)'이라는 말은 아프리카계 미국인들의 문화를 나타내며, 과거 노예들이 전통 아프리카 음식을 만들기 시작하면서 그것이 지금의 솔 푸드가 되었다는 내용이므로 정답은 ④이다.

2 (a) 솔 푸드는 1960년대가 지나기 전까지는 흔하지 않았다고("Soul food" wasn't common until the 1960s.) 했으므로 글의 내용과 틀리다.

(b) 미국 남부의 많은 아프리카계 미국인들이 자신들의 문화를 묘사하기 위해 '솔(soul)'이라는 단어를 사용했다고 (~, many African Americans in the southern U.S. ~ started to use the word "soul" ~.) 했으므로 글의 내용과 틀리다.

(C) 솔 푸드는 아프리카 노예제도에 뿌리를 두고 있다고(Soul food has its roots in African slavery.) 했으므로 글의 내용과 맞다.

3 노예들은 오랜 시간 일하기 위해서 열량이 높은 식사가 필요했다고 했지만, 솔 푸드의 열량이 얼마인지에 대한 내용은 글에 없다. 따라서 정답은 ②이다.
① 노예들은 매주 무엇을 받는가?
② 솔 푸드는 얼마나 많은 열량을 가지고 있는가?
③ 노예들은 왜 음식을 튀기기 시작했는가?
④ 솔 푸드의 예시는 무엇인가?

4 빈칸 앞에는 그 음식이 그들을 위로해 줬다고 했으며, 빈칸 뒤에는 그 이유에 대한 내용이 등장하므로 빈칸에는 ④가 가장 알맞다.
① 그래서 ② 그러나 ③ ~할 때 ④ ~ 때문에

5 ┌───┐
아프리카계 노예들은 그들의 전통 조리법을 ⓐ 간직했다. 그들은 음식을 ⓑ 튀기고 고기를 채소에 추가했다.
└───┘

Build Up

❶ 노예들은 음식을 튀기고, 고기를 채소에 추가했다

❷ 노예들은 오랜 시간 일해야 했다

❸ 솔 푸드는 노예들을 위로했다

(C) 그리고 시간이 흐르면서, 이러한 조리법들은 솔 푸드가 되었다.

(A) 그래서 그들은 열량이 높은 식사가 필요했다.

(B) 그것이 그들의 고향 음식과 같은 맛이 났기 때문이다.

Sum Up

아프리카계 미국인들은 자신들의 문화를 ⓐ 묘사하기 위해 '솔'이라는 단어를 사용했다. 솔 푸드가 이것의 한 예이다. 많은 노예들은 그들의 전통 아프리카 조리법을 ⓑ 간직했다. 그들은 옥수숫가루로 덮은 생선 같은 음식을 튀기고 고기를 채소에 ⓒ 추가했다. 시간이 흐르면서, 이러한 ⓓ 조리법은 솔 푸드가 되었다.

끊어서 읽기

'솔 푸드'는 흔하지 않았다 / 1960년대까지. 당시에, / 많은 아프리카계
¹"Soul food" wasn't common / until the 1960s. ²At that time, / many African

미국인들이 / 미국 남부에 있는 / 시민권을 얻기 위해 싸웠다. 그들은 시작했다
Americans / in the southern U.S. / fought for their civil rights. ³They started

/ '솔'이라는 단어를 사용하기 / 그들의 문화를 묘사하기 위해. 솔 뮤직, 솔 브라더,
/ to use the word "soul" / to describe their culture. ⁴Soul music, soul brothers,

그리고 솔 푸드가 / 이것의 예시이다.
and soul food / are examples of this.

솔 푸드는 그것의 뿌리를 두고 있다 / 아프리카 노예제도에. 노예들은 간직했다 / 그들의 전통
⁵Soul food has its roots / in African slavery. ⁶The slaves kept / their traditional

아프리카 조리법. 그 음식은 그들을 위로해 주었다 // 그것은 ~와 같은 맛이 났기 때문이다
African recipes. ⁷The food comforted them // because it tasted like

/ 그들의 고향에서 온 음식. 노예들에게는 주어졌다 / 옥수숫가루와 돼지고기가
/ food from their homes. ⁸The slaves were given / cornmeal and pork

/ 매주. 그들은 필요했다 / 열량이 높은 식사가 / 오랜 시간 일하기 위해.
/ every week. ⁹They needed / a high-calorie diet / for working long days.

그래서 그들은 튀겼다 / 옥수숫가루로 덮은 생선 같은 음식을 / 그리고 고기를 추가했다 / 채소에.
¹⁰So they fried / foods like fish with cornmeal / and added meat / to vegetables.

¹¹ 시간이 흐르면서, / 이러한 조리법은 솔 푸드가 되었다 / 옥수수 빵, 튀긴 치킨, 허시 퍼피스,

¹¹Over time, / these recipes became soul food / — cornbread, fried chicken, hush

그리고 버터밀크 비스킷.

puppies, and buttermilk biscuits.

🌾 우리말 해석

솔 푸드(soul food)

¹'솔 푸드'는 1960년대 전까지는 흔하지 않았습니다. ²당시 미국 남부의 많은 아프리카계 미국인들이 자신의 시민권을 얻기 위해 싸웠어요. ³그들은 자신들의 문화를 묘사하기 위해 '솔'이라는 단어를 사용하기 시작했습니다. ⁴솔 뮤직, 솔 브라더, 솔 푸드가 그 예죠.

⁵솔 푸드는 아프리카 노예제도에 뿌리를 두고 있습니다. ⁶노예들은 그들의 전통 아프리카 조리법을 간직했어요. ⁷그 음식은 그들의 고향 음식과 같은 맛이 나서 그들을 위로해 주었어요. ⁸노예들에게는 매주 옥수숫가루와 돼지고기가 주어졌습니다. ⁹그들은 오랜 시간 일하기 위해 열량이 높은 식사가 필요했지요. ¹⁰그래서 그들은 옥수숫가루로 덮은 생선 같은 음식을 튀기고, 고기를 채소에 추가했어요. ¹¹시간이 흐르면서, 이러한 조리법은 솔 푸드인 옥수수 빵, 튀긴 치킨, 허시 퍼피스, 버터밀크 비스킷이 되었습니다.

🌾 주요 문장 분석하기

³They started **to use** the word "soul" **to describe** their culture.
    주어   동사   목적어

→ to use는 '사용하는 것'으로 해석하며, to use the word "soul"은 동사 started의 목적어이다.

→ to describe는 '묘사하기 위해'라고 해석하며, 목적을 나타낸다.

⁷The food comforted them **because** it tasted **like** *food* [from their homes].
    주어   동사   목적어   주어′ 동사′   보어′

→ 두 개의 문장이 이유를 나타내는 접속사 because로 연결되어 있다.

→ 전치사 like는 '～처럼'으로 해석하며, like food from their homes는 주어 it을 보충 설명한다.

→ from their homes는 앞의 명사 food를 꾸며준다.

¹⁰So they fried *foods* [**like** fish with cornmeal] **and** added meat to vegetables.
    주어 동사1   목적어1   동사2 목적어2

→ 전치사 like는 '～와 같은'으로 해석하며, 뒤에는 예시를 나타내는 말이 등장한다.

→ like fish with cornmeal은 앞의 명사 foods를 꾸며준다.

→ 동사 fried와 added가 and로 연결되어 있다.

---

02 Hush Puppies

p. 55 **Check Up**	1 ③	2 ②	3 ④	4 ③	5 ⓐ: stories ⓑ: threw
p. 56 **Build Up**	ⓐ round	ⓑ popular	ⓒ dish	ⓓ stories	
p. 56 **Sum Up**	ⓐ make	ⓑ threw	ⓒ barking	ⓓ hushed	

p. 57 **Look Up**	A	1 shocked	2 round	3 bark
	B	1 popular - 인기 있는	2 a few - 여러, 몇몇의	
		3 still - 여전히	4 throw - 던지다	
	C	1 shocked	2 answered	3 dish

Check Up

1 글쓴이 '나'는 허시 퍼피스를 만드는 것을 도와달라는 말에 깜짝 놀랐다고(At first, I was shocked and ~.) 했으며, 나중에 허시 퍼피스에 대한 설명을 듣고 안심했다고(I was relieved.) 했으므로 정답은 ③이다.

2 허시 퍼피스는 옥수숫가루로 만들어진, 작고 튀겨진 동그란 덩어리라고(Hush puppies are made from cornmeal. They are small, fried, round balls.) 했으므로 글의 내용과 틀린 것은 ②이다.

3 사람들이 개들에게 튀긴 덩어리들을 던진 이유는 그들이 계속 짖기 때문이라고 했으므로, ④는 '개들'을 가리킨다. 나머지는 모두 허시 퍼피스를 가리킨다.

4 빈칸 뒤 문장에서는 튀겨진 동그란 덩어리들이 개들을 조용히 시켰다고(~ the fried round balls 'hushed' the dogs!") 했으므로, 빈칸을 포함한 문장에서는 개들이 짖는 것을 '멈췄다'는 내용이어야 한다. 따라서 빈칸에 가장 알맞은 것은 ③이다.
① 계속 ~했다 ② 시작했다 ③ 멈췄다 ④ 즐겼다

5
> 허시 퍼피스에 관한 여러 ⓐ 이야기들이 있다. 한 이야기에서는, 사람들이 튀겨진 동그란 덩어리들을 개들에게 ⓑ 던졌을 때, 개들은 조용해졌다.

Build Up

허시 퍼피스	• 옥수숫가루로 만들어진다.
	• 작고 튀겨진 ⓐ 동그란 덩어리들이다.
	• ⓑ 인기 있는 미국 남부 ⓒ 음식이다.
	• 그것의 이름에 관한 여러 ⓓ 이야기들이 있다.

Sum Up

오늘, 나는 할머니께서 허시 퍼피스를 ⓐ 만드시는 것을 도와드렸다. 할머니는 그 음식에 관한 이야기를 내게 말씀해주셨다. 그 이야기에서, 몇몇 개들이 짖고 있어서 사람들이 그것들에게 튀겨진 동그란 덩어리들을 ⓑ 던졌다. 그러자 개들이 ⓒ 짖는 것을 멈췄다. 그 후로 사람들은 그 덩어리들이 개들을 'ⓓ 조용히 시켜서', 그 튀겨진 덩어리들을 허시 퍼피스라고 불렀다.

🌿 끊어서 읽기

내가 집에 왔을 때, // 할머니가 부엌에 있었다. 그녀는 웃었다 / 그리고 말했다, //
¹When I came home, // Grandma was in the kitchen. ²She smiled / and said, //

"들어와라 / 그리고 도와라 / 내가 허시 퍼피스를 만드는 것을." 처음에, / 나는 깜짝 놀라서 물었,
"Come in / and help / me make hush puppies." ³At first, / I was shocked and

// "어떤 강아지들이요?" 할머니는 웃었다 / 그리고 대답했다, // "허시 퍼피스는
asked, // "What puppies?" ⁴Grandma smiled / and answered, // "Hush puppies

옥수숫가루로 만들어진단다. 그것들은 작고, 튀겨진, 동그란 덩어리들이야. 그것들은 인기 있는
are made from cornmeal. ⁵They are small, fried, round balls. ⁶They are a popular

미국 남부 음식이란다."
southern American dish."

나는 안심했다. 하지만 나는 여전히 궁금했다 / 그래서 할머니께 그것들에 대해 물었다. "왜
⁷I was relieved. ⁸But I was still curious / and asked Grandma about them. ⁹"Why

그것들은 허시 퍼피스라고 불리나요?" 그녀는 대답했다, // "음, 여러 이야기들이 있단다 /
are they called hush puppies?" ¹⁰She answered, // "Well, there are a few stories /

그것에 대한. 한 이야기에서는, / 사람들이 던졌단다 / 튀겨진 동그란 덩어리들을 / 개들을 향해 // 그것들이
about that. ¹¹In one story, / people threw / fried round balls / at dogs // when they

짖고 있을 때. 그러자 개들이 짖는 것을 멈췄지. 그래서 사람들은 말했어 // 튀겨진
were barking. ¹²Then the dogs stopped barking. ¹³So people said // that the fried

동그란 덩어리들이 개들을 '조용히 시켰다'라고!"
round balls 'hushed' the dogs!"

🌿 우리말 해석

허시 퍼피스

¹내가 집에 왔을 때, 할머니께서는 부엌에 계셨어요. ²그녀는 웃으며 말씀하셨어요, "들어와서 내가 허시 퍼피스를 만드는 것을 좀 도와다오." ³처음에 나는 깜짝 놀라서 "어떤 강아지들이요?"라고 여쭤봤어요. ⁴할머니께서는 웃으시며 대답하셨어요, "허시 퍼피스는 옥수숫가루로 만들어진단다. ⁵그것은 작고 튀겨진 동그란 덩어리들이야. ⁶그것은 인기 있는 미국 남부 음식이란다."

⁷나는 안심했습니다. ⁸하지만 나는 여전히 궁금해서 그것에 대해 할머니께 여쭤봤습니다. ⁹"그것들은 왜 '허시 퍼피스'라고 불리나요?" ¹⁰할머니께서 대답하셨습니다. "음, 그것에 대한 여러 이야기가 있단다. ¹¹한 이야기에서는, 사람들은 개들이 짖을 때 튀겨진 동그란 덩어리들을 그것들에게 던졌어. ¹²그러자 개들이 짖는 것을 멈췄지. ¹³그래서 사람들은 그 튀겨진 동그란 덩어리들이 개들을 '조용히 시켰다'고 말했단다!"

🌿 주요 문장 분석하기

²She smiled and said, "Come in and help me make hush puppies."
주어　동사1　동사2

→ 「help+목적어+동사원형」은 '~가 …하는 것을 돕다'라는 의미이다.

¹¹In one story, people threw fried round balls at dogs **when** they *were barking*.
주어　동사　목적어　주어′　동사′

→ when은 '~할 때'라는 의미이며, 문장과 문장을 연결해주는 접속사이다.

→ 「was[were]+동사원형+-ing」의 형태는 '~하고 있었다, ~하던 중이었다'라는 의미를 가진 과거진행형이다.

¹²Then the dogs **stopped barking**.
주어　동사　목적어

→ 「stop[stopped]+동사원형+-ing」의 형태는 '~하는 것을 멈추다[멈췄다]'라는 의미이다.

¹³So people said **that** the fried round balls 'hushed' the dogs!
주어　동사　주어′　동사′　목적어′

→ 동사 said는 「(that)+주어+동사」 형태의 목적어를 가질 수 있다.

→ 「(that)+주어+동사」는 '~하다는 것'이라 해석하며, 이때 that은 생략 가능하다.

03	**A Special Day in June**			pp.58 ~ 61
p. 59 **Check Up**	1 ①	2 (a)✕ (b)○ (c)○	3 ②	4 ⓐ: freedom ⓑ: future
p. 60 **Build Up**	1 (B)	2 (A)	3 (C)	
p. 60 **Sum Up**	ⓐ freedom	ⓑ free	ⓒ remembered	ⓓ celebrated
p. 61 **Look Up**	A 1 upset	2 cheer	3 celebration	
	B 1 hour - 시간	2 freedom - 자유		
	3 have to - ~해야 한다	4 make money - 돈을 벌다		
	C 1 free	2 upset	3 celebrate	

Check Up

1 Tiera의 아빠가 Tiera에게 Juneteenth의 의미와 그날을 기념하게 된 배경, 그리고 그날 하는 일에 대해 알려 주는 내용의 글이므로 정답은 ①이다.

① Juneteenth는 무엇인가?   ② 자유는 무엇을 의미하는가?

③ Willie 할아버지는 무엇을 했는가?   ④ Tiera는 Juneteenth에 무엇을 할 것인가?

2 (a) Tiera의 아빠는 그의 고조할아버지인 Willie 할아버지의 이야기를 하기 시작했다고(Then he started telling his great-great-grandpa's story.) 했으므로 Willie 할아버지는 아빠의 고조할아버지임을 알 수 있다.

(b) Willie 할아버지는 노예였고 오랜 시간 일해야 했다고(Grandpa Willie was a slave and had to work long hours.) 했으므로 글의 내용과 맞다.

(c) Tiera의 아빠는 Willie 할아버지를 기억하고 솔 푸드를 먹으면서 내일 그날을 기념하자고("Let's ~ celebrate with some soul food tomorrow.") 했으므로 글의 내용과 맞다.

3 1865년 6월 19일에 노예들은 자유가 되었고(On June 19th, 1865, they became free.), 매년 Juneteenth에 자유가 된 첫날을 기억한다고(But every year on Juneteenth, they remembered the first day of freedom.) 했으므로 Juneteenth는 6월 19일임을 알 수 있다.

4

> 노예들은 ⓐ 자유가 없었다. 그러나 그들은 그것을 정말로 원했고 더 나은 ⓑ 미래를 위한 계획을 세웠다.

Build Up

질문	대답
❶ Juneteenth는 무엇인가?	(B) 그것은 노예제도로부터의 자유를 기념하는 행사이다.
❷ Juneteenth는 언제인가?	(A) 6월 19일이다.
❸ 사람들은 Juneteenth를 어떻게 기념하는가?	(C) 그들은 자유를 얻은 첫날을 기억하고 솔 푸드를 먹는다.

Sum Up

> Juneteenth 전날, 아빠는 나에게 Willie 할아버지에 대해 말씀해 주셨다. 오래전에, Willie 할아버지는 노예였기 때문에 ⓐ 자유가 없었다. 그러나 1865년 6월 19일에 많은 노예들은 ⓑ 자유로워졌다. 그날부터, 매년 Juneteenth에 그들은 자유를 얻은 첫날을 ⓒ 기억하고 솔 푸드로 ⓓ 기념했다.

Tiera는 원했다 / 밖에서 놀기를, // 하지만 그녀는 그럴 수 없었다. 너무 늦었고 너무 어두웠다.
¹Tiera wanted / to play outside, // but she couldn't. ²It was too late and too dark.

그녀는 속상했다. 그녀의 아빠는 앉았다 / 그녀의 옆에. 그는 말했다, // "속상해 하지 마라.
³She was upset. ⁴Her dad sat / next to her. ⁵He said, // "Don't be upset.

내일 우리는 기념 행사가 있잖아. 내일이 Juneteenth이란다."
⁶Tomorrow we will have a celebration. ⁷It's Juneteenth tomorrow."

그러고 나서 그는 말하기 시작했다 / 그의 고조할아버지의 이야기를. Willie 할아버지는 노예였다
⁸Then he started telling / his great-great-grandpa's story. ⁹Grandpa Willie was a

/ 그리고 오랜 시간 일해야 했다. 노예들에게는 자유가 없었다, // 하지만 그들은
slave / and had to work long hours. ¹⁰Slaves didn't have freedom, // but they

그것을 정말로 원했다. 그들은 계획을 세웠다 / 더 나은 미래를 위한.
really wanted it. ¹¹They made plans / for a better future.

1865년 6월 19일에, / 그들은 자유로워졌다. 그들은 환호했다 / 그리고 축하했다.
¹²On June 19th, 1865, / they became free. ¹³They cheered / and celebrated. ¹⁴From

그날부터, / 그들은 돈을 벌었다 / 그들의 일로. 처음부터, / 그것은 쉽지는
that day, / they made money / for their work. ¹⁵From the beginning, / it wasn't

않았다. 하지만 매년 Juneteenth에, / 그들은 기억했다 / 자유의 첫날을.
easy. ¹⁶But every year on Juneteenth, / they remembered / the first day of

Tiera의 아빠는 말했다. // "Willie 할아버지를 기억하자 / 그리고 기념하자 /
freedom. ¹⁷Tiera's dad said, // "Let's remember Grandpa Willie / and celebrate /

약간의 솔 푸드로 / 내일.
with some soul food / tomorrow."

우리말 해석

6월의 특별한 날

¹Tiera는 밖에서 놀고 싶었지만 그럴 수 없었습니다. ²너무 늦었고 너무 어두웠거든요. ³그녀는 속상했어요. ⁴그녀의 아빠가 그녀의 옆에 앉았어요. ⁵아빠는 "속상해 하지 말거라. ⁶우리는 내일 기념 행사가 있잖니. ⁷내일이 Juneteenth잖아."라고 말씀하셨어요.

⁸그러고 나서 아빠는 그의 고조할아버지의 이야기를 하기 시작하셨습니다. ⁹Willie 할아버지는 노예였고 오랜 시간 일해야 했대요. ¹⁰노예들에게는 자유가 없었지만, 그들은 그것을 정말로 원했어요. ¹¹그들은 더 나은 미래를 위한 계획을 세웠습니다.

¹²1865년 6월 19일, 그들은 자유로워졌습니다. ¹³그들은 환호하며 축하했어요. ¹⁴그날부터 그들은 일을 해서 돈을 벌었어요. ¹⁵처음부터 쉽지는 않았지요. ¹⁶하지만 매년 Juneteenth에 그들은 자유를 얻은 첫날을 기억했어요. ¹⁷Tiera의 아빠는 "Willie 할아버지를 기억하면서 내일 솔 푸드로 기념하도록 하자."라고 말씀하셨어요.

주요 문장 분석하기

¹Tiera wanted to **play** outside, but she ***couldn't*** (play outside).
　　주어1　　동사1　　목적어1　　　주어2　　　동사2

→ to play는 '노는 것'으로 해석하며 동사 wanted의 목적어이다.

→ 조동사 couldn't 다음에는 play outside가 생략되었다.

²**It** was too late and too dark.　⁷**It's** Juneteenth tomorrow."

→ 시간, 날짜, 명암(밝음과 어두움) 등을 나타낼 때, 비인칭 주어 It을 사용하며 '그것'이라 해석하지 않는다.

¹⁶But **every** year on Juneteenth, they remembered *the first day* [of freedom].
　　　　　　　　　　　　　　주어　　동사　　　목적어

→ every는 '매, ~마다'의 의미로 빈도를 나타내며, every year는 '매년'이라 해석한다.

→ of freedom은 the first day를 뒤에서 꾸며준다.

¹⁷~, "**Let's** remember Grandpa Willie **and** celebrate with some soul food tomorrow."

→ 「Let's+동사원형」은 '(우리) ~하자'라는 의미로 상대방에게 제안할 때 쓰이는 표현이다.

→ 동사 remember와 celebrate가 and로 연결되어 있다.

04　Ray Charles

pp.62 ~ 65

p. 63 **Check Up**	1 ②　　2 ②　　3 ④　　4 ⓐ: created ⓑ: styles		
p. 64 **Build Up**	1 (C)　　2 (A)　　3 (B)		
p. 64 **Sum Up**	ⓐ blind　ⓑ play　ⓒ perform　ⓓ similar　ⓔ mixed		
p. 65 **Look Up**	A 1 perform	2 blend	3 unique
	B 1 sight - 시력	2 kind - 종류	
	3 own - 자신의 것	4 create - 만들어 내다	
	C 1 success	2 similar	3 mixed

Check Up

1 음악가 Ray Charles의 어린 시절부터 솔 뮤직의 창시자가 되기까지의 과정을 설명하고 있으므로 이 글의 종류는 전기문이다.

2 Ray Charles가 다양한 종류의 음악을 섞어 자신만의 새로운 음악을 만들어 냈으며, 그것이 솔 뮤직이라 했으므로 빈칸에는 '솔 뮤직'이 알맞다.

> Ray Charles: <u>솔 뮤직</u>의 아버지

① 천재 ② 솔 뮤직 ③ 음악가들 ④ 독특한 연주 방식

3 Ray Charles의 연주 방식은 처음에는 다른 음악가들과 비슷했다고(At first, his playing style was similar to other musicians.) 했으므로 정답은 ④이다.

4
> Ray Charles는 자신만의 음악 종류인, 솔 뮤직을 ⓐ <u>만들어 냈다</u>. 그는 또한 다양한 연주 ⓑ <u>방식</u>을 섞었고 절대 한 가지 방식으로만 작업하지 않았다.

Build Up

질문		대답
❶ Ray Charles는 누구였는가?	—	(C) 그는 음악가였으며 새로운 종류의 음악을 만들어 냈다.
❷ 그는 무엇으로 유명했는가?	—	(A) 그는 그의 독특한 연주 방식으로 유명했다.
❸ 다른 음악가들은 왜 그를 천재라고 불렀는가?	—	(B) 그는 절대 한 가지 방식으로만 작업하지 않았다.

Sum Up

> Ray Charles는 일곱 살 때 ⓐ <u>눈이 멀게</u> 되었다. 그러나 학교에서 그는 오르간과 트럼펫을 ⓑ <u>연주하는</u> 법을 배웠다. 1947년에, 그는 밴드에서 ⓒ <u>연주하기</u> 시작했다. 처음에 그의 연주 방식은 다른 음악가들과 ⓓ <u>비슷했</u>다. 그 후 그는 다양한 종류의 음악을 ⓔ <u>섞었</u>고 자신만의 것을 만들어 냈다. 그는 천재라고 불렸다.

⅍ 끊어서 읽기

Ray Charles는 음악가였다.　　　그는 ~로 유명했다 /　　그의 독특한 연주 방식.　　　그는
¹Ray Charles was a musician. ²He was famous for / his unique playing style. ³He

섞었다 /　　　다양한 종류의 음악을　　/ 그리고 자신만의 것을 만들어 냈다.　그것은 새로운 종류의
mixed / different kinds of music / and created his own. ⁴It was a new kind of

음악, 솔 뮤직이었다.
music: soul music.

그는 피아노를 칠 수 있었다　　// 그가 다섯 살이 되기 전에. 하지만 그는 시작했다 /　그의 시력을 잃기
⁵He could play the piano // before he was five. ⁶But he started / to lose his sight

/ 그리고 눈이 멀었다 /　　일곱 살 때.　　　그는 특수학교에 다녔다　/　그리고 배웠다

/ and was blind / by the age of seven. [7]He went to a special school / and learned

/　오르간과 트럼펫을 연주하는 법을　/ 그곳에서.

/ to play the organ and trumpet / there.

1947년에, /　그는 시애틀로 이동했다　/　그리고 밴드에서 연주했다.　　처음에, /　그의 연주 방식은

[8]In 1947, / he moved to Seattle / and performed in bands. [9]At first, / his playing

다른 음악가들과 비슷했다.　　　그 후 그는 계속해서 섞었다　/　다양한 방식들을　/

style was similar to other musicians. [10]Then he kept blending / different styles /

그리고 자신만의 것을 만들어 냈다.　　그의 노래의 대부분은 큰 성공을 거두었다　//　그가

and created his own. [11]Most of his songs became a big success // because he

절대 한 가지 방식으로만 작업하지 않았기 때문에.　다른 음악가들은 불렀다　/　Charles를 천재라고.

never worked in just one style. [12]Other musicians called / Charles the Genius.

⚘ 우리말 해석

Ray Charles

[1]Ray Charles는 음악가였습니다. [2]그는 독특한 연주 방식으로 유명했어요. [3]그는 다양한 종류의 음악을 섞어서 자신만의 음악을 만들어 냈습니다. [4]그것은 솔 뮤직이라는 새로운 종류의 음악이었어요.

[5]그는 다섯 살이 되기 전에 피아노를 칠 수 있었어요. [6]하지만 그는 시력을 잃어가기 시작했고 일곱 살 때 눈이 멀었어요. [7]그는 특수학교에 다니면서 오르간과 트럼펫을 연주하는 법을 배웠어요.

[8]1947년, 그는 시애틀로 건너가 밴드에서 연주를 했습니다. [9]처음에, 그의 연주 방식은 다른 음악가들과 비슷했어요. [10]그 후 그는 계속해서 다양한 방식을 섞어 자신만의 방식을 만들어 냈습니다. [11]그의 노래의 대부분이 큰 성공을 거두었는데, 이는 그가 절대 한 가지 방식으로만 작업하지 않았기 때문입니다. [12]다른 음악가들은 Charles를 천재라고 불렀어요.

⚘ 주요 문장 분석하기

[5]He **could** play the piano *before* he was five.
　　주어　동사　　　목적어　　　　　주어′ 동사′ 보어′

→ could는 조동사 can의 과거형으로 '~할 수 있었다'라는 의미로, 뒤에 동사원형이 온다.

→ before는 '~하기 전에'라는 의미로 두 문장을 연결하는 접속사이다.

[6]But he started **to lose** his sight *and* was blind *by* the age of seven.
　　　주어　동사1　　목적어1　　　동사2 보어2

→ 동사 started와 was가 and로 연결된 문장이다.

→ to lose his sight는 '그의 시력을 잃는 것'으로 해석하며, 동사 started의 목적어이다.

→ by는 '~ 때, 쯤에는'이라는 의미로, 시간을 나타내는 전치사이다.

¹⁰Then he **kept** *blending* different styles and created his own.

→ 동사 keep[kept]은 「동사원형+-ing」의 형태인 목적어를 취하여 '~하는 것을 계속하다[계속했다]'의 의미를 나타낸다.

¹¹**Most of** his songs became a big success because he **never** worked in just one style.
    <u>　　　　　　</u>　　<u>　　</u>　　<u>　　　　</u>　　　　<u>　</u>　　　<u>　</u>
        주어　　　　　　 동사　　　 보어　　　　　 주어'　　　 동사'

→ 「most of+복수명사」는 '~의 대부분'이라는 의미이다.

→ a big success는 주어 Most of his songs를 보충 설명한다.

→ never는 '절대 ~ 않다'라는 의미로 부정을 강조하며 주로 일반동사 앞에 온다.

¹²Other musicians **called** Charles the Genius.
    <u>　　　　　　</u>　　<u>　　</u>　<u>　　　</u>　<u>　　　　</u>
        주어　　　　　 동사　 목적어　　 보어

→ 「call[called]+목적어+명사」는 '~을 …라고 부르다[불렀다]'라는 의미이다.

→ the Genius는 목적어 Charles를 보충 설명한다.

Trees

01 A Mysterious Bat
pp.68 ~ 71

p. 69 **Check Up**	**1** ② **2** (a)○ (b)○ (c)× **3** ② **4** Come out gold
	5 ⓐ: loud ⓑ: ran away
p. 70 **Build Up**	**1** (B), (C), (D) **2** (A), (E)
p. 70 **Sum Up**	3 → 4 → 2 → 1
p. 71 **Look Up**	**A 1** pocket **2** swing **3** cut down
	B 1 frightened - 겁먹은 **2** overnight - 하룻밤 동안
	3 enter - 들어오다 **4** run away - 도망가다
	C 1 Suddenly **2** left **3** swung

Check Up

1 한 젊은이가 우연히 주운 hazelnut으로 인해, 도깨비의 방망이와 많은 금을 얻게 되었다는 내용이므로 가장 알맞은 제목은 ②이다.

① Hazelnut으로 가득 찬 집   ② 운 좋은 남자의 Hazelnut

③ 도깨비의 특별한 힘   ④ 젊은이의 따뜻한 마음

2 (a) 도깨비들이 방망이를 휘두르며 "금 나와라!"라고 말하자 금이 나왔다고(The goblins swung their bats and said, "Come out gold!", and then gold appeared.) 했으므로 글의 내용과 맞다.

(b) 젊은이가 hazelnut을 깨물자 그 소리에 도깨비들이 겁먹고 도망갔다고(~, so he bit into a hazelnut. ~ The goblins became frightened and ran away.) 했으므로 글의 내용과 맞다.

(c) 도깨비들이 겁먹고 도망가느라 방망이 하나를 집 안에 두고 갔다고(But they left one of their bats in the house.) 했으므로 글의 내용과 틀리다.

3 젊은이는 배가 고파서 hazelnut을 깨물었다고(But the young man was hungry, so he bit into a hazelnut.) 했으므로 정답은 ②이다.

4 도깨비 방망이를 얻은 젊은이는 도깨비들이 했던 대로 방망이를 휘두르며 "금 나와라!"라고 말해서 금이 나오게 했을 것이다.

5 젊은이가 hazelnut을 깨물었을 때, 그것은 매우 ⓐ 큰 소리를 내었다. 도깨비들은 겁먹고 ⓑ 도망갔다.

Build Up

❶ 젊은이는	—	(B) 숲속에서 나무를 베었다.
	—	(C) 숲속에서 길을 잃었다.
	—	(D) 방망이 중 하나를 집으로 가져갔다.
❷ 도깨비들은	—	(A) 오래된 집에서 자신들의 방망이를 휘둘렀다.
	—	(E) 겁먹고 도망갔다.

Sum Up

❸ 젊은이는 오래된 집에서 하룻밤 동안 자기로 결심했다. →
❹ 몇몇 도깨비들이 그 집으로 들어와 자신들의 방망이로 금을 만들었다. →

❷ 젊은이가 hazelnut을 깨물었고, 그것은 큰 소리를 냈다. →
❶ 도깨비들은 도망갔고 그 집 안에 방망이 하나를 두고 갔다.

🌾 끊어서 읽기

옛날에, / 한 젊은이가 나무를 베고 있었다 / 숲속에서. 그때 그는 몇 개의 hazelnut을
¹Long ago, / a young man was cutting down trees / in the woods. ²Then he saw

보았다 / 땅바닥에 있는 / 그리고 그것들을 넣었다 / 그의 주머니 안에. 집으로 돌아가는 길에,
some hazelnuts / on the ground / and put them / in his pocket. ³On his way home,

/ 그는 길을 잃었다 / 그리고 오래된 집을 발견했다. 그는 거기서 자기로 결심했다 / 하룻밤 동안.
/ he got lost / and found an old house. ⁴He decided to sleep there / overnight.

갑자기, / 몇몇 도깨비들이 집으로 들어왔다. 그 젊은이는 재빨리 숨었다.
⁵Suddenly, / some goblins entered the house. ⁶The young man quickly hid.

도깨비들이 그들의 방망이를 휘둘렀다 / 그리고 말했다, // "금 나와라!"라고, // 그러자 금이 나타났다.
⁷The goblins swung their bats / and said, // "Come out gold!", // and then gold

그런데 젊은이는 배가 고팠다. // 그래서 그는 hazelnut을 깨물었다. 그것은 내었다
appeared. ⁸But the young man was hungry, // so he bit into a hazelnut. ⁹It made

/ 매우 큰 소리를. 도깨비들은 겁먹었다 / 그리고 도망갔다. 그런데 그들은
/ a very loud noise. ¹⁰The goblins became frightened / and ran away. ¹¹But they

두고 갔다 / 그들의 방망이 중 하나를 / 집 안에.

left / one of their bats / in the house.

젊은이는 그 방망이를 가져갔다 / 집으로. 그는 그것을 휘둘렀다 / 그리고 말했다, // "금 나와라!"라고.

¹²The young man took the bat / home. ¹³He swung it / and said, // "Come out

그러자 많은 금이 나타났다!

gold!" ¹⁴Then a lot of gold appeared!

⅘ 우리말 해석

신비로운 방망이

¹옛날에 한 젊은이가 숲속에서 나무를 베고 있었어요. ²그때 그는 땅바닥에 있는 hazelnut 몇 개를 보고, 그것들을 자신의 주머니 안에 넣었어요. ³집에 돌아가는 길에, 그는 길을 잃고 오래된 집을 발견했어요. ⁴그는 거기서 하룻밤 동안 자기로 결심했죠.

⁵갑자기, 몇몇 도깨비들이 집으로 들어왔어요. ⁶젊은이는 재빨리 숨었지요. ⁷도깨비들이 자신의 방망이를 휘두르며 "금 나와라!"라고 말하자 금이 나왔어요. ⁸그런데 젊은이가 배가 고파서 hazelnut을 깨물었어요. ⁹그것은 매우 큰 소리를 냈어요. ¹⁰도깨비들은 겁먹고 도망갔지요. ¹¹그런데 그들은 자신의 방망이 중 하나를 집 안에 두고 갔답니다.

¹²젊은이는 그 방망이를 집으로 가져갔어요. ¹³그는 그것을 휘두르며 "금 나와라!"라고 말했어요. ¹⁴그러자 많은 금이 나왔어요!

⅘ 주요 문장 분석하기

¹Long ago, a young man **was cutting** down trees in the woods.
　　　　　　　　　주어　　　　　　　동사　　　　목적어

→ 「was[were]+동사원형+-ing」의 형태로 '~하고 있었다'는 의미이며, 과거에 진행 중이던 동작을 나타낼 때 쓰이는 과거진행형이다.

⁴He decided **to sleep** there overnight.
　주어　동사　목적어

→ 「decide[decided] to+동사원형」은 '~하기로 결정하다, 결심하다[결정했다, 결심했다]'라는 의미이다.

p. 73 **Check Up**	1 ②	2 ③	3 ③	4 ④	5 ⓐ: rubber ⓑ: treat
p. 74 **Build Up**	ⓐ make	ⓑ rubber	ⓒ leaves	ⓓ treat	
p. 74 **Sum Up**	ⓐ find	ⓑ Delicious	ⓒ medicine	ⓓ tea	ⓔ fevers
p. 75 **Look Up**	A 1 tea	2 syrup		3 stomachache	

p. 75 **Look Up**

A 1 tea   2 syrup   3 stomachache
B 1 wound - 상처, 부상   2 delicious - 맛있는
  3 everything - 모든 것   4 example - 예, 예시
C 1 around   2 fever   3 treated

Check Up

1 우리의 실생활에서 나무의 수액과 잎, 껍질을 사용하여 여러 가지 유용한 것들을 만들 수 있다는 내용이므로 제목의 빈칸에 '실생활'이 오는 것이 가장 알맞다.

> 실생활 속의 (아낌없이) 주는 나무들

① 이야기 ② 실생활 ③ 1960년대 ④ 다양한 차

2 단풍나무의 수액을 이용하여 메이플 시럽을 만든다고(Maple syrup is made from maple tree sap.) 했으므로 글의 내용과 틀리다.

3 빈칸 뒤에 나무 수액을 사용하여 만들 수 있는 것들의 예시가 등장하므로 정답은 ③이다.
① 또한 ② 그러나 ③ 예를 들어 ④ 오래전에

4 빈칸 뒤에서 오리나무의 잎과 껍질로 만든 차가 열, 상처, 복통에 도움이 된다는 내용이 이어지고(The tea helps to treat fevers and wounds. ~ can help you.) 있으므로 정답은 ④이다.
① 음식 ② 음료 ③ 시럽 ④ 약

5
> 우리는 나무 수액으로 ⓐ 고무와 시럽을 만들 수 있다. 어떤 나무들은 또한 열과 상처를 ⓑ 치료하는 데 도움이 된다.

Build Up

수액	→	우리는 나무 수액으로 ⓑ 고무와 시럽과 같은 것들을 ⓐ 만들 수 있다.

| 나무껍질 , ⓒ 나뭇잎 | → | 나뭇잎과 나무껍질은 열, 상처, 그리고 복통을 ⓓ 치료할 수 있다. |

Sum Up

우리는 우리 주변에서 (아낌없이) 주는 나무를 ⓐ <u>찾을</u> 수 있다. 우리는 그 나무들로 많은 것들을 만들 수 있다. 예를 들어, 고무는 고무나무의 수액으로 만들어진다. ⓑ <u>맛있는</u> 메이플 시럽은 단풍나무의 수액으로 만들어진다. 우리는 나무로부터 ⓒ <u>약을</u> 얻을 수도 있다. 우리는 ⓓ <u>차를</u> 만들기 위해 나뭇잎과 나무껍질을 사용하며, 그것은 ⓔ <u>열과</u> 복통을 치료할 수 있다.

⚘ 끊어서 읽기

『아낌없이 주는 나무』가 나왔다 / 1964년에, // 하지만 사람들은 여전히 그것을 좋아한다 / 오늘날에.
¹*The Giving Tree* came out / in 1964, // but people still love it / today. ²In

그 책에서, / 나무는 모든 것을 준다 / 소년에게. 실생활에서, / 우리는 (아낌없이) 주는
the book, / the tree gives everything / to the boy. ³In real life, / we can find

나무를 찾을 수 있다 / 우리 주변에서.
giving trees / around us.

나무 수액으로, / 우리는 많은 것들을 만들 수 있다. 예를 들어, / 고무는 만들어진다 /
⁴With tree sap, / we can make many things. ⁵For example, / rubber is made / from

흰 수액으로 / 고무나무에서 나온. 메이플 시럽은 만들어진다 / 단풍나무 수액으로. 많은
white sap / from rubber trees. ⁶Maple syrup is made / from maple tree sap. ⁷Many

사람들이 메이플 시럽을 즐긴다 // 그것이 맛있기 때문에.
people enjoy maple syrup // because it is delicious.

어떤 나무들은 준다 / 우리에게 약을. 사람들은 차를 만들 수 있다 / 나뭇잎과 나무껍질로 /
⁸Some trees give / us medicine. ⁹People can make tea / with the leaves and bark /

오리나무의. 그 차는 치료하는 것을 도와준다 / 열과 상처를. 당신이 복통이 있을 때,
of alder trees. ¹⁰The tea helps to treat / fevers and wounds. ¹¹When you have a

// 느릅나무의 나무껍질은 당신을 도와줄 수 있다.
stomachache, // the bark of elm trees can help you.

⚘ 우리말 해석

고마운 나무

¹『아낌없이 주는 나무』는 1964년에 출간되었지만 오늘날에도 여전히 사람들은 그 책을 좋아해요. ²그 책에서 나무는 소년에게 모든 것을 주지요. ³실생활에서, 우리는 우리 주변에서 (아낌없이) 주는 나무를 찾을 수 있어요.
⁴우리는 나무 수액으로 많은 것들을 만들 수 있습니다. ⁵예를 들어, 고무는 고무나무의 흰 수액으로 만들어집니다. ⁶메이플 시럽은 단풍나무의 수액으로 만들어져요. ⁷많은 사람들은 메이플 시럽이 맛있기 때문에 그것을 즐기지요.
⁸어떤 나무들은 우리에게 약을 줍니다. ⁹사람들은 오리나무의 나뭇잎과 나무껍질로 차를 만들 수 있어요. ¹⁰그 차는 열과 상처를 치료하는 데 도움이 됩니다. ¹¹복통이 있을 때는, 느릅나무의 나무껍질이 도움이 될 수 있답니다.

🌾 주요 문장 분석하기

[5]For example, rubber **is made from** *white sap* [from rubber trees].
주어 | 동사

→ 「is[are] made from + 명사」는 '~로 만들어지다'라는 의미이다.

→ from rubber trees는 white sap을 뒤에서 꾸며준다.

[7]Many people enjoy maple syrup **because** it is delicious.
주어 | 동사 | 목적어 | 주어'동사' | 보어'

→ because는 이유를 나타내는 접속사로 뒤에 원인이 되는 문장이 온다.

[8]Some trees **give** us medicine.
주어 | 동사 | 간접목적어 | 직접목적어

→ 「give + 간접목적어 + 직접목적어」의 형태로 동사 give는 두 개의 목적어를 가질 수 있다.

→ 간접목적어는 '~에게'라고 해석하며, 직접목적어는 '…을[를]'로 해석한다.

[9]People can make tea **with** *the leaves and bark* [of alder trees].
주어 | 동사 | 목적어

→ with는 '~로, ~을 가지고'라는 의미의 전치사이다.

→ of alder trees는 앞의 the leaves and bark를 꾸며준다.

03	**Apollo and Daphne**				pp.76 ~ 79
p. 77 **Check Up**	1 ③	2 (a)✕ (b)○ (c)✕	3 ③	4 ⓐ: fell ⓑ: hate	5 ①
p. 78 **Build Up**	1 (B)	2 (C)	3 (A)		
p. 78 **Sum Up**	ⓐ love	ⓑ get away	ⓒ help	ⓓ turned	ⓔ crown
p.79 **Look Up**	A 1 shoot	2 branch	3 hate		
	B 1 arrow - 화살	2 get away - 벗어나다			
	3 never - 절대 ~ 않다	4 turn into - ~으로 변하다			
	C 1 shot	2 respect	3 cold		

Check Up

1 Cupid의 화살을 맞아서 Daphne를 사랑하게 된 Apollo의 이야기이다. Apollo는 Daphne가 월계수가 되자, 그녀와 항상 함께 있기 위해 그 나무의 잎과 가지로 왕관을 만들었다는 내용이므로 정답은 ③이다.

① Daphne의 사랑을 향한 증오

② Daphne와 그녀의 월계수

③ Daphne를 향한 Apollo의 사랑

④ Daphne를 위한 Cupid의 특별한 화살

2 (a) Apollo는 Cupid가 하는 일을 존중하지 않았다고(~, Apollo, didn't show respect for Cupid's job.) 했으므로 글의 내용과 틀리다.

(b) Apollo는 Cupid가 쏜 화살을 맞고 Daphne를 사랑하게 되었다고(He shot an arrow at Apollo. Apollo fell in love with a river spirit, Daphne.) 했으므로 글의 내용과 맞다.

(c) Daphne는 Apollo에게 태도가 차가웠고 그에게서 벗어나고 싶었다고(Daphne was cold to him, ~. She wanted to get away from him.) 했으므로 글의 내용과 틀리다.

3 Daphne를 나무로 변하게 한 것은 그녀의 아버지이므로 정답은 ③이다. 나머지는 모두 Apollo를 가리킨다.

4 ・Apollo는 Daphne와 사랑에 ⓐ 빠졌다.

・그 화살은 Daphne가 사랑을 ⓑ 싫어하도록 만들었다.

5 Apollo가 사랑했던 Daphne가 나무가 되었고, 그는 그녀와의 사랑을 이루지 못했기 때문에 빈칸에는 ①이 가장 알맞다.

① 슬픈 ② 겁먹은 ③ 신이 난 ④ 걱정스러운

Build Up

원인	결과
❶ Cupid는 Apollo에게 화살을 쏘았다.	(B) Apollo는 Daphne와 사랑에 빠졌다.
❷ Daphne는 자신의 아버지에게 도움을 청했다.	(C) 그녀의 아버지는 그녀를 월계수로 변하게 했다.
❸ Apollo는 Daphne가 월계수가 되어 슬펐다.	(A) 그는 그 나무에서 난 나뭇가지로 왕관을 만들었고 그것을 항상 썼다.

Sum Up

Apollo는 Cupid의 화살 때문에 Daphne와 ⓐ 사랑에 빠졌다. 하지만 Daphne는 Apollo를 사랑하지 않았다. 그녀는 그에게서 ⓑ 벗어나고 싶었다. 그녀는 자신의 아버지에게 ⓒ 도움을 청했고, 그는 그녀를 월계수로 ⓓ 변하게 했다. Apollo는 슬퍼서 그 나무에서 난 나뭇가지와 잎으로 ⓔ 왕관을 만들었다. 그는 항상 Daphne와 함께 있기 위해 그 왕관을 썼다.

끊어서 읽기

Cupid는 사랑의 신이었다.   그의 일은 ~이었다 / 사람들이 사랑에 빠지게 만드는 것 /   그의

¹Cupid was the god of love. ²His job was / to make people fall in love / with his

활과 화살로. 어느 날, / 태양의 신, Apollo는 / 존중하지 않았다 /
bow and arrows. ³One day, / the god of the sun, Apollo, / didn't show respect /

Cupid의 일을. Cupid는 화가 났다 / 그리고 준비했다 / 두 종류의 화살을.
for Cupid's job. ⁴Cupid was angry / and prepared / two kinds of arrows.

그는 화살 하나를 쐈다 / Apollo에게. Apollo는 사랑에 빠졌다 / 강의 요정, Daphne와.
⁵He shot an arrow / at Apollo. ⁶Apollo fell in love / with a river spirit, Daphne.

Cupid는 또 다른 화살을 쐈다 / Daphne에게, // 하지만 그것은 만들 뿐이었다 / 그녀가 사랑을 싫어하도록.
⁷Cupid shot another arrow / at Daphne, // but it only made / her hate love.

Apollo는 노력했다 / Daphne의 사랑을 얻으려고. Daphne는 차가웠다 / 그에게, // 그러나 그는 절대
⁸Apollo tried / to get Daphne's love. ⁹Daphne was cold / to him, // but he would

멈추지 않았다. 그녀는 그에게서 벗어나고 싶었다. 그녀는 자신의 아버지에게 요청했다 / 도움을.
never stop. ¹⁰She wanted to get away from him. ¹¹She asked her father / for help.

그래서 그는 Daphne를 월계수로 변하게 했다. Apollo는 슬펐다. 그래서 그는 왕관을 만들었다
¹²So he turned Daphne into a bay tree. ¹³Apollo was sad. ¹⁴So he made a crown

/ 몇몇 나뭇가지와 잎을 가지고 / 그 나무에서 나온. 그는 그 왕관을 썼다 /
/ with some branches and leaves / from the tree. ¹⁵He wore the crown /

항상 Daphne와 함께 있기 위해.
to always be with Daphne.

🌿 우리말 해석

Apollo와 Daphne

¹Cupid는 사랑의 신이었어요. ²그의 일은 활과 화살로 사람들이 사랑에 빠지게 만드는 것이었죠. ³어느 날, 태양의 신 Apollo는 Cupid가 하는 일을 존중하지 않았어요. ⁴Cupid는 화가 나서 두 종류의 화살을 준비했지요. ⁵그는 Apollo에게 화살 하나를 쐈어요. ⁶Apollo는 강의 요정 Daphne와 사랑에 빠졌답니다. ⁷Cupid는 Daphne에게 또 다른 화살을 쐈는데, 그 화살은 그녀가 사랑을 싫어하게 만들 뿐이었죠.

⁸Apollo는 Daphne의 사랑을 얻으려고 노력했어요. ⁹Daphne는 그에게 차가웠지만, 그는 절대 멈추지 않았죠. ¹⁰그녀는 그에게서 벗어나고 싶었어요. ¹¹그녀는 자신의 아버지에게 도움을 청했어요. ¹²그래서 그녀의 아버지는 Daphne를 월계수로 변하게 했어요. ¹³Apollo는 슬펐어요. ¹⁴그래서 그는 그 나무에서 난 나뭇가지와 잎으로 왕관을 만들었어요. ¹⁵항상 Daphne와 함께 있기 위해 그는 그 왕관을 썼답니다.

🌿 주요 문장 분석하기

²His job was **to make** people **fall in love** *with* his bow and arrows.
　　주어　동사　　　　　　　　　　　　보어

→ to make는 '만드는 것'으로 해석하며, to make ~ arrows는 주어 His job을 보충 설명한다.

→ 「make+목적어+동사원형」은 '~가 …하도록 만들다'라는 의미이다.

→ with는 '~으로, ~을 사용하여'라는 의미의 전치사이다.

⁸Apollo **tried to** get Daphne's love.

<u>주어</u> <u>동사</u> <u>목적어</u>

→ 「try to[tried to]+동사원형」은 '~하려고 노력하다, 애쓰다[노력했다, 애썼다]'라는 뜻이다.

→ to get Daphne's love는 동사 tried의 목적어이다.

¹¹She **asked** her father **for help**.

<u>주어</u> <u>동사</u> <u>목적어</u>

→ 「ask[asked]+목적어+for help」는 '~에게 도움을 요청하다[요청했다]'라는 뜻이다.

¹⁵He wore the crown **to** always **be** with Daphne.

<u>주어</u> <u>동사</u> <u>목적어</u>

→ to always be with Daphne의 「to+동사원형」은 '~하기 위해서'라고 해석하며, 목적을 나타낸다.

04 Christmas Tree   pp.80 ~ 83

p. 81 **Check Up**	1 ②	2 ④	3 ④	4 ③	5 ⓐ: holidays ⓑ: add

p. 82 **Build Up**	ⓐ took	ⓑ decorated	ⓒ all over	ⓓ saw
	4→2→1→3			

p. 82 **Sum Up**	ⓐ during	ⓑ tradition	ⓒ candles	ⓓ added	ⓔ moved

p. 83 **Look Up**	A 1 choose	2 candle	3 decorate
	B 1 light - 빛	2 tradition - 전통	
	3 during - ~ 동안	4 century - 세기, 100년	
	C 1 added	2 holiday	3 moved

Check Up

1 크리스마스트리를 만들기 시작한 여러 유래 중 하나에 대해 설명하는 글이므로 정답은 ②이다.

2 독일 출신의 Martin Luther가 최초로 크리스마스트리에 빛을 더한 사람이고(He was the first person to add lights to a Christmas tree.), 18세기 즈음에는 유럽 곳곳에 크리스마스트리가 있었다는(By the 18th century, there were many Christmas trees all over Europe.) 내용으로 보아, 독일에서 크리스마스트리 전통이 시작되어 이후 유럽으로 전해졌음을 알 수 있다. 따라서 정답은 ④이다.

3 Martin Luther는 독일 출신이며(One of them is about Martin Luther from Germany.), 별 아래에서 상록수를 보았고(One winter evening, Martin Luther saw evergreens under the stars.), 양초로 나무를 장식했다고(After that, he decorated a tree with candles.) 했다. 하지만 독일인들이 다른 나라로 이주한 이유에 관한 내용은 글에 없으므로 정답은 ④이다.

① Martin은 어디 출신인가?

② Martin은 별 아래에서 무엇을 봤는가?

③ Martin은 나무를 장식하기 위해 무엇을 사용했는가?

④ 독일인들은 왜 다른 나라로 이주했는가?

4 빈칸을 포함한 문장은 '독일인들이 다른 나라로 이주할 때, 이 전통을 (A)했다'라는 내용이다. 바로 이어지는 문장에서 18세기 즈음에는 유럽 곳곳에 크리스마스트리가 있었다는 내용으로 보아, 독일인들이 이 전통을 다른 나라로 '가져가서' 유럽 곳곳에 퍼지게 되었다는 것을 알 수 있다. 따라서 정답은 ③이다.

① 아꼈다 ② 남겨 두었다 ③ 가져갔다 ④ 장식했다

5 사람들은 ⓐ 휴일 동안 크리스마스트리를 장식한다. 오래전, Martin Luther는 크리스마스트리에 빛을 ⓑ 더한 첫 번째 사람이었다.

Build Up

> ❹ 어느 겨울 저녁에, Martin Luther는 별 아래에서 상록수를 ⓓ 보았다.

→

> ❷ Martin Luther는 양초로 나무를 ⓑ 장식했다.

→

> ❶ 독일인들은 크리스마스트리 전통을 그들과 함께 다른 나라로 ⓐ 가져갔다.

→

> ❸ 18세기 즈음에는 유럽 ⓒ 곳곳에 크리스마스트리가 있었다.

Sum Up

> 사람들은 휴일 ⓐ 동안 크리스마스트리를 장식한다. 이제 크리스마스트리는 많은 나라의 ⓑ 전통이다. 크리스마스트리 전통에 관한 많은 이야기가 있다. 그중 하나는 Martin Luther에 관한 것이다. ⓒ 양초로, 그는 크리스마스트리에 빛을 ⓓ 더했다. 나중에 일부 독일인들은 다른 나라로 ⓔ 이주할 때 그 전통을 가져갔다. 18세기 즈음에는 유럽 곳곳에 크리스마스트리가 있었다.

⅏ 끊어서 읽기

크리스마스트리는 전통이다 / 많은 나라에서. 사람들은 크리스마스트리를 장식한다
[1]The Christmas tree is a tradition / in many countries. [2]People decorate

/ 휴일 동안. 몇몇 사람들은 진짜 나무를 산다 / 나무 농장에서,
a Christmas tree / during the holidays. [3]Some buy a real tree / from a tree farm,

// 그리고 다른 사람들은 플라스틱 나무를 선택한다.
// and others choose plastic trees.

많은 이야기가 있다 / 크리스마스트리 전통에 대한. 그것들 중 하나는 ~이다 /
[4]There are many stories / about the Christmas tree tradition. [5]One of them is /

Martin Luther에 관한 / 독일 출신의. 어느 겨울 저녁에, / Martin Luther는 상록수를 보았다
about Martin Luther / from Germany. [6]One winter evening, / Martin Luther saw

evergreens / under the stars. ⁷After that, / he decorated a tree / with candles. ⁸He

그 후에. / 그는 나무를 장식했다 / 양초로. / 그는

별 아래에서.

첫 번째 사람이었다 / 크리스마스트리에 빛을 더한.

was the first person / to add lights to a Christmas tree.

독일인들은 이 전통을 가져갔다 / 그들과 함께 // 그들이 이주했을 때 / 다른 나라로.

⁹Germans took these traditions / with them // when they moved / to other

18세기 즈음에, / 크리스마스트리가 있었다 / 유럽 곳곳에.

countries. ¹⁰By the 18th century, / there were Christmas trees / all over Europe.

🌿 우리말 해석

크리스마스트리

¹크리스마스트리는 많은 나라의 전통입니다. ²사람들은 휴일 동안 크리스마스트리를 장식해요. ³몇몇 사람들은 진짜 나무를 나무 농장에서 사고, 다른 사람들은 플라스틱 나무를 선택합니다.

⁴크리스마스트리 전통에 대한 많은 이야기가 있습니다. ⁵그것들 중 하나는 독일 출신의 Martin Luther에 관한 것입니다. ⁶어느 겨울 저녁에, Martin Luther는 별 아래에서 상록수를 보았습니다. ⁷그 후에 그는 양초로 나무를 장식했어요. ⁸그는 최초로 크리스마스트리에 빛을 더한 사람이었지요.

⁹독일인들이 다른 나라로 이주할 때 이 전통을 그들과 함께 가져갔어요. ¹⁰18세기 즈음에는 유럽 곳곳에 크리스마스트리가 있었답니다.

🌿 주요 문장 분석하기

³**Some** buy a real tree from a tree farm, and **others** choose plastic trees.
　　주어1　동사1　　목적어1　　　　　　　　주어2　　동사2　　　목적어2

→ Some은 '몇몇 사람들'이라는 의미이며, others는 '다른 사람들'이라는 의미를 가진 대명사이다.

⁴**There are** *many stories* [about the Christmas tree tradition].

→ 「There are+복수명사」의 형태로 '~가 있다'라고 해석한다.

→ about the Christmas tree tradition은 many stories를 뒤에서 꾸며준다.

⁵**One of** them is about *Martin Luther* [from Germany].
　　　　주어　　동사　　　　보어

→ 「one of+복수명사」는 '~ 중 하나'라는 의미이며, 진짜 주어는 One이기 때문에 단수동사 is가 사용되었다. them은 앞 문장에 나온 many stories about the Christmas tree tradition을 가리킨다.

→ about Martin Luther from Germany는 주어 One of them을 보충 설명한다.

→ from Germany는 Martin Luther를 뒤에서 꾸며준다.

⁹**Germans took these traditions with them when they moved to other countries.**
　　주어　　동사　　　목적어　　　　　　　　　　주어'　　동사'

→ when은 '~할 때'의 의미로 시간을 나타내는 접속사이다.

CHAPTER 5 Relations

01 The Giraffe in Paris
pp.86 ~ 89

| p. 87 | **Check Up** | 1 ② | 2 (a)○ (b)× (c)× | 3 ② | 4 gift |
| | | 5 ⓐ: sailed ⓑ: on foot | | | |

| p. 88 | **Build Up** | 1 (A) | 2 (C) | 3 (B) |

| p. 88 | **Sum Up** | ⓐ gift | ⓑ moved | ⓒ walked | ⓓ African |

p. 89	**Look Up**	A 1 zoo	2 catch	3 sail
		B 1 home - 고향	2 across - 건너서, 가로질러	
		3 on foot - 걸어서	4 call - ~라고 부르다	
		C 1 welcome	2 gift	3 visited

Check Up

1 새끼였을 때 잡혀서 프랑스 파리로 보내진 유럽의 첫 번째 기린 중 하나인 Zarafa의 대한 내용이므로 정답은 ②이다.

> 프랑스의 첫 번째 기린의 이야기

① 동물원의 동물들　② 프랑스의 첫 번째 기린
③ 파리에서 온 선물　④ 유럽에서 온 최초의 선물

2 (a) Zarafa는 프랑스 왕에게 주는 선물이었다고(Zarafa was a gift for the king of France in 1827.) 했으므로 글의 내용과 맞다.
(b) Zarafa는 새끼였을 때 잡혔다고(She was a baby when she was caught.) 했으므로 글의 내용과 틀리다.
(c) 파리의 모든 사람들이 Zarafa를 크게 환영했다고(Everyone in Paris gave her a big welcome.) 했으므로 글의 내용과 틀리다.

3 빈칸 앞에서는 Zarafa가 파리까지 걸어서 이동했다는(When Zarafa arrived ~ to Paris on foot!) 내용이므로 빈칸에는 '걸었다'의 의미를 가진 walked가 가장 알맞다.
① 날았다 ② 걸었다 ③ 항해했다 ④ 운전했다

4 빈칸을 포함한 문장은 '나는 Zarafa와 같은 동물들이 다른 나라에 (A)로 보내지는 것이 유감이었다.'라는 내용이다. 빈칸 앞에서는 선물로 유럽으로 보내진 Zarafa의 이야기가 등장하기 때문에, 빈칸에는 '선물'이라는 단어가 들어가야 가장 알맞다.

5
> Zarafa는 프랑스 왕을 위한 선물이었다. 그녀는 대양을 건너 ⓐ 항해했고, 파리로 ⓑ 걸어서 이동했다.

Build Up

❶ Zarafa는 새끼였다

❷ 어떤 사람들은 그녀를 '그 기린'이라고 불렀다

❸ Zarafa가 프랑스에 도착했을 때,

(A) 그녀가 잡혔을 때.

(C) 프랑스에 다른 기린이 없었기 때문에.

(B) 그녀는 걸어서 파리로 이동했다.

Sum Up

Zarafa는 유럽의 첫 번째 기린 중 하나였다. 그녀는 프랑스 왕을 위한 ⓐ 선물이었다. 그녀는 대양을 건너 항해하여 프랑스로 ⓑ 이동했다. 그녀는 프랑스에 도착하고 나서 6주 동안 파리로 ⓒ 걸었다. 파리의 모든 사람들은 그녀를 환영했고, 어떤 사람들은 그녀를 '아름다운 ⓓ 아프리카인'이라고 불렀다.

❧ 끊어서 읽기

우리 가족은 어제 동물원을 방문했다.　　우리가 기린을 보고 있을 때,　　// 나의
¹My family visited a zoo yesterday. ²When we were watching the giraffes, // my

아빠가 나에게 말했다 / Zarafa에 대해. /　첫 번째 기린 중 하나　/　유럽에서.
dad told me / about Zarafa, / one of the first giraffes / in Europe.

Zarafa는 선물이었다 /　　프랑스 왕을 위한　　/　1827년에.　그녀는 새끼였다 //　그녀가
³Zarafa was a gift / for the king of France / in 1827. ⁴She was a baby // when she

잡혔을 때.　　그러고 나서 그녀는 항해했다 /　나일 강 하류로　/　그리고 대양을 건너.
was caught. ⁵Then she sailed / down the Nile River / and across the ocean.

Zarafa가 프랑스에 도착했을 때,　//　그녀는 파리로 이동했다 /　걸어서!　그녀는
⁶When Zarafa arrived in France, // she moved to Paris / on foot! ⁷She

약 880킬로미터를 걸었다　/　6주 동안.　파리의 모든 사람들이 / 그녀를 크게 환영했다.
walked about 880 kilometers / in six weeks. ⁸Everyone in Paris / gave her a big

어떤 사람들은 그녀를 불렀다 / '아름다운 아프리카인'이라고.　다른 사람들은 불렀다 / 그녀를
welcome. ⁹Some people called her / "the Beautiful African." ¹⁰Others called / her

'그 기린'이라고 //　　다른 기린이 없었기 때문에　/　프랑스에.
"the giraffe" // because there were no other giraffes / in France.

그 이야기를 듣고 나서, / 나는 유감이었다 //　Zarafa와 같은 동물들이　/ 다른 나라로 보내진다는 것이
¹¹After the story, / I felt bad // that animals like Zarafa / get sent to other

/ 선물로.　그들은 선택하지 않는다 / 그들의 고향을 떠나는 것을.
countries / as gifts. ¹²They don't choose / to leave their homes.

🌾 우리말 해석

파리의 기린

¹우리 가족은 어제 동물원을 방문했습니다. ²우리가 기린을 보고 있을 때, 아빠가 유럽의 첫 번째 기린 중 하나인 Zarafa에 대해 내게 말해주었어요.

³Zarafa는 1827년 프랑스 왕에게 주는 선물이었어요. ⁴그녀가 잡혔을 때 그녀는 새끼였어요. ⁵그리고 나서 그녀는 나일 강을 따라 배를 타고 내려와서 대양을 건넜어요. ⁶Zarafa는 프랑스에 도착한 후, 걸어서 파리까지 이동했어요! ⁷그녀는 6주 동안 약 880킬로미터를 걸었습니다. ⁸파리의 모든 사람들이 그녀를 크게 환영했어요. ⁹어떤 사람들은 그녀를 '아름다운 아프리카인'이라고 불렀습니다. ¹⁰다른 사람들은 프랑스에 다른 기린이 없었기 때문에 그녀를 '그 기린'이라고 불렀어요.

¹¹그 이야기를 듣고 나서, 나는 Zarafa와 같은 동물들이 다른 나라에 선물로 보내진다는 것이 유감이었어요. ¹²그들은 자신의 고향을 떠나는 것을 선택하지 않았어요.

🌾 주요 문장 분석하기

²When we **were watching** the giraffes, my dad told me about Zarafa, one of the first giraffes in Europe.
→ 「was[were]+동사원형+-ing」의 형태는 '~하고 있었다, ~하던 중이었다'라고 해석하며, 과거에 진행 중이던 일을 나타낼 때 쓰이는 과거진행형이다.

⁵Then she sailed down the Nile River **and** across the ocean.
       주어   동사
→ down the Nile River와 across the ocean은 and로 연결되었다.

⁸*Everyone* [in Paris] **gave** her a big welcome.
         주어   동사 간접목적어 직접목적어
→ 「give[gave]+간접목적어+직접목적어」는 '~에게 …을[를] 주다[주었다]'는 의미이다. 간접목적어는 '~에게', 직접목적어는 '…을[를]'로 해석한다.
→ in Paris는 앞의 Everyone을 꾸며준다.

¹⁰Others **called** her "the giraffe" because **there were no other giraffes** in France.
    주어   동사   목적어   보어
→ 「call[called]+목적어+명사」는 '~을[를] …라고 부르다[불렀다]'라는 의미이다. 여기서 "the giraffe"는 목적어 her를 보충 설명한다.
→ 「There was[were] no ~」는 '~가 없었다'라고 해석하며, other giraffes는 복수명사이므로 were가 사용되었다.

p.91 **Check Up**	1 ②	2 ③	3 ④	4 ④	5 elephants
p.92 **Build Up**	a treasure	b symbol		c gift	d sent
p.92 **Sum Up**	a send	b giraffes		c accept	d types

p.93 **Look Up**	A 1 accept	2 transportation	3 symbol
	B 1 sometimes - 때때로	2 send - 보내다	
	3 also - 또한	4 already - 이미, 벌써	
	C 1 leader	2 types	3 accept

Check Up

1 각 나라를 상징하는 토종 동물을 다른 나라로 보내면서 나라간 유대관계를 유지하는 동물 외교에 관한 내용이므로 정답은 ②이다.

2 1800년대에 이집트는 영국, 오스트리아, 프랑스에 선물로 기린을 보냈다고(~, an Egyptian leader gave giraffes as gifts to kings in England, Austria, and France.) 했으므로 기린은 오스트리아의 상징 동물이 아니다.

3 나라들은 다른 나라와의 유대관계를 보여 주기 위해 동물들을 이용한다고(Countries use animals to show their ties with other countries.) 했다.

4 빈칸 앞에서는 나라들이 때때로 선물로 그들의 토종 동물들을 보낸다고 했고, 빈칸 뒤에서는 그에 대한 예로 이집트를 설명하고 있으므로 For example(예를 들어)이 빈칸에 가장 알맞은 접속사이다.
① 그리고 ② 그러나 ③ 나중에 ④ 예를 들어

5 첫 문단에서 코끼리가 태국의 상징이라고 했으며, 미국 대통령이 동물 선물을 거절하는 이유로 더 좋은 운송 수단이 있다고 했으므로 태국이 미국에 보내려고 했던 선물은 '코끼리'였을 것이다.

Build Up

나라들의 상징 동물과 나라들이 그 동물들을 외교에 이용하는 모습을 정리해 본다.

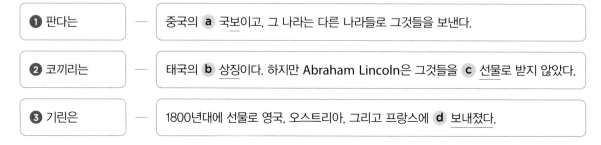

❶ 판다는 — 중국의 a 국보이고, 그 나라는 다른 나라들로 그것들을 보낸다.

❷ 코끼리는 — 태국의 b 상징이다. 하지만 Abraham Lincoln은 그것들을 c 선물로 받지 않았다.

❸ 기린은 — 1800년대에 선물로 영국, 오스트리아, 그리고 프랑스에 d 보내졌다.

Sum Up

때때로, 나라들은 그들의 토종 동물들을 다른 나라들에게 선물로 **a** 보낸다. 1800년대에, 이집트는 영국, 오스트리아, 그리고 프랑스에게 **b** 기린을 주었다. 중국은 다른 나라들로 판다를 보낸다. 하지만 나라들은 항상 다른 나라에서 온 선물을 **c** 받지는 않는다. 미국은 더 좋은 **d** 종류의 운송 수단을 가지고 있었기 때문에, 태국에게서 코끼리를 받지 않았다.

⚘ 끊어서 읽기

어떤 동물들은 한 나라의 상징이다.   중국에는 판다가 있다.   / 호주에는 코알라가,
¹Some animals are a symbol of a country. ²There are pandas for China, / koalas

/   그리고 태국에는 코끼리가.   나라들은 동물들을 이용한다
for Australia, / and elephants for Thailand. ³Countries use animals

/ 그들의 유대관계를 보여 주기 위해 / 다른 나라와의.
/ to show their ties / with other countries.

나라들은 때때로 보낸다   /   그들의 토종 동물들을   / 선물로.   예를 들어, / 1800년대에.
⁴Countries sometimes send / their native animals / as gifts. ⁵For example, / in the

/   한 이집트인 지도자가 기린을 주었다   /   선물로   /   영국과 오스트리아,
1800s, / an Egyptian leader gave giraffes / as gifts / to kings in England, Austria,

그리고 프랑스의 왕에게.   또한, / 중국은 보낸다 /   그것의 국보, 자이언트 판다를
and France. ⁶Also, / China sends / its national treasure, giant pandas,

/   다른 나라들로.
/ to other countries.

하지만 나라들은 항상 선물을 받지는 않는다   /   다른 나라에서 온.
⁷However countries don't always accept gifts / from other countries. ⁸For

예를 들어,   /   태국은 코끼리를 보내려고 했다   /   미국에   /   1860년대에.
example, / Thailand tried to send elephants / to America / in the 1860s.

그러나 대통령 Abraham Lincoln은   /   그 선물을 받지 않았다.   그는 말했다 //
⁹But the president, Abraham Lincoln, / didn't accept the gift. ¹⁰He said //

미국은 이미 가지고 있다고   /   다른, 더 좋은 종류의 운송 수단을.
that America already had / other, better types of transportation.

⚘ 우리말 해석

나라를 위한 선물

¹어떤 동물들은 한 나라의 상징입니다. ²중국에서는 판다, 호주에서는 코알라, 그리고 태국에서는 코끼리가 있습니다. ³나라들은 다른 나라와의 유대관계를 보여 주기 위해 동물들을 이용합니다.

⁴나라들은 때때로 선물로 그들의 토종 동물들을 보냅니다. ⁵예를 들어, 1800년대에, 한 이집트인 지도자가 영국, 오스트리아, 그리고 프랑스의 왕에게 기린을 선물로 주었습니다. ⁶또한, 중국은 국보인 자이언트 판다를 다른 나라들로 보냅니다. ⁷하지만 나라들이 항상 다른 나라에서 온 선물을 받지는 않습니다. ⁸예를 들어, 태국은 1860년대에 미국으로 코끼리를 보내려고 했습니다. ⁹그러나 Abraham Lincoln 대통령은 그 선물을 받지 않았습니다. ¹⁰그는 미국에는 이미 다른 더 좋은 종류의 운송 수단이 있다고 말했습니다.

☘ 주요 문장 분석하기

³Countries use animals **to show** their ties with other countries.
<u>주어</u>　<u>동사</u>　<u>목적어</u>

→ to show는 '보여 주기 위해서'라고 해석하며, 목적을 나타낸다.

⁵~, an Egyptian leader **gave** <u>giraffes</u> as gifts **to** <u>kings in England, Austria, and France.</u>
　　　　　　　직접목적어　　　　　간접목적어

→ 「give[gave]+직접목적어+to+간접목적어」 형태로 '~에게 …을[를] 주다[주었다]'라는 의미이다.

→ 동사 give는 간접목적어와 직접목적어를 가질 수 있으며, 「give+간접목적어+직접목적어」의 형태로도 쓰인다. 하지만 직접목적어를 강조하고 싶을 때는 「give+직접목적어+to+간접목적어」 형태로 나타낸다.

⁶Also, China **sends** its national treasure, giant pandas, **to** other countries.
　　　주어　　동사　　　　　　　목적어

→ 「send+직접목적어+to+간접목적어」의 형태로 '~에게 …을[를] 보내다'라는 의미이다.

→ its national treasure와 giant pandas는 콤마로 연결되어 같은 대상을 나타낸다.

03　My Dad's Work				pp.94 ~ 97
p. 95 **Check Up**	1 ②	2 (a) ○ (b) ○ (c) ×	3 ①	4 ⓐ: between ⓑ: peace
p. 96 **Build Up**	ⓐ work	ⓑ remain	ⓒ trade	ⓓ introduce	ⓔ gather
p. 96 **Sum Up**	ⓐ workplace	ⓑ problems	ⓒ each other	ⓓ peace	ⓔ proud
p. 97 **Look Up**	A 1 workplace	2 gather	3 introduce
	B 1 trade - 무역, 교역	2 proud of - ~을 자랑스러워하는	
	3 add - (말을) 덧붙이다	4 each other - 서로	
	C 1 between	2 gather	3 peace

Check Up

1 외교관이 하는 일에 대해 아빠가 '나'에게 설명하는 내용이므로 정답은 ②이다.

① 캐나다: 우리의 조국   ② 외교관은 어떤 일을 하는가?

③ 외교관이 된 것이 자랑스러운   ④ 두 나라 사이의 문제

2 (a) '나'의 아빠는 자신과 같은 외교관이라고(He said, "Diplomats like me ~.)하며 그들이 하는 일에 대해 소개했으므로 글의 내용과 맞다.

(b) 외교관은 자신의 나라를 위해 일한다고(Diplomats like me work for their country.) 했으므로 글의 내용과 맞다.

(c) 아빠가 '나'에게 아빠의 직장을 구경시켜 주면서 업무에 대해 설명했다는 내용이다. 하지만 '내'가 어떤 직업 체험을 했는지에 대한 내용은 글에 없으므로 글의 내용과 틀리다.

3 빈칸 앞에서는 '내'가 그 직업에 대해 잘 몰랐다는 내용이고, 빈칸 뒤에서는 알고 나서 아빠가 자랑스럽다는 내용이므로 '이제'라는 의미를 가진 Now가 빈칸에 가장 알맞다.

① 이제 ② 나중에 ③ 전에 ④ 예를 들어

4

> 아빠는 외교관으로서 자신의 직업에 대해 말씀해 주셨다. 두 나라 ⓐ 사이에 문제가 있을 때, 그 나라의 외교관들은 서로 만나서 무역이나 ⓑ 평화와 같은 일들에 대해 이야기한다.

Build Up

외교관들은 누구를 위해 일하는가?	• 그들은 자신의 나라를 위해 ⓐ 일한다.
외교관들은 어디에서 일하는가?	• 몇몇은 자신의 나라에 ⓑ 남고, 다른 사람들은 다른 나라로 이동한다.
외교관들은 무엇을 하는가?	• 그들은 다른 나라의 외교관들과 만난다. 그들은 ⓒ 무역이나 평화와 같은 일들에 대해 이야기한다. • 몇몇은 또한 다른 사람들에게 자신의 나라를 ⓓ 소개한다. • 다른 사람들은 정치에 관한 정보를 ⓔ 모은다.

Sum Up

> 오늘, 나는 아빠의 ⓐ 직장에 갔다. 아빠는 내게 구경시켜 주시면서 아빠의 직업에 대해 말해주셨다. 아빠와 같은 외교관들은 자신의 나라를 위해 일한다. 두 나라 사이에 ⓑ 문제가 있을 때, 그들의 외교관들은 ⓒ 서로 만난다. 그들은 ⓓ 평화와 같은 일들에 대해 이야기한다. 이제 나는 아빠의 직업에 대해 더 많이 알게 되었고 아빠가 ⓔ 자랑스럽다!

🌿 끊어서 읽기

우리 가족은 캐나다로 이주했다 / 작년에 / 나의 아빠의 일 때문에. 어느 날, / 나는

[1]My family moved to Canada / last year / because of my dad's work. [2]One day, / I

아빠에게 그의 직업에 대해 물었다. 그는 말했다. // "내일 나와 같이 가자. 내가 너에게 구경시켜 줄게."

asked him about his job. [3]He said, // "Come with me tomorrow. [4]I'll show you

around."

다음 날, / 나는 그의 직장에 갔다. 그는 말했다. // "나와 같은 외교관들은 일한단다 /

[5]The next day, / I went to his workplace. [6]He said, // "Diplomats like me work /

그들의 나라를 위해. 어떤 사람들은 남는다 / 그들 자신의 나라에, // 그리고 다른 사람들은 이동한단다 /

for their country. [7]Some remain / in their own country, // and others move /

다른 나라로." 그는 또한 덧붙였다. // "문제가 있을 때

to different countries." [8]He also added, // "When there are problems

/ 두 나라 사이에, // 그들의 외교관들이 서로 만난단다. 그들은 ~에 대해 이야기하지

/ between two countries, // their diplomats meet with each other. [9]They talk about

/ 무역이나 평화와 같은 일들.

/ things like trade or peace."

그러고 나서 그는 나에게 구경시켜 주었다. "여기에 있는 사람들은 / 많은 다른 일들을 해. 몇몇은

[10]Then he showed me around. [11]"People here / do many other things. [12]Some

우리나라를 소개한단다 / 다른 나라들에게. 몇몇은 비자나 여권을 만들지. 다른 사람들은

introduce our country / to others. [13]Some make visas or passports. [14]Others

정보를 모은단다 / 정치에 대한." 처음에는, / 나는 많이 알지 못했다 / 그의 직업에 대해.

gather information / about politics." [15]At first, / I didn't know much / about his

이제 나는 더 많이 안다. // 그리고 나는 내 아빠가 자랑스럽다.

job. [16]Now I know more, // and I'm proud of my dad.

🌿 우리말 해석

아빠의 일

[1]우리 가족은 작년에 아빠의 일 때문에 캐나다로 이주했어요. [2]어느 날, 나는 아빠에게 아빠의 직업에 대해 물어봤어요. [3]아빠가 말하셨어요, "내일 나와 같이 가자. [4]내가 구경시켜 줄게."

[5]다음 날, 나는 아빠의 직장에 갔어요. [6]아빠는 말하셨어요, "나와 같은 외교관들은 자신의 나라를 위해 일한단다. [7]어떤 사람들은 자신의 나라에 남고, 다른 사람들은 다른 나라로 이동하기도 해." [8]그는 또한 덧붙였어요, "두 나라 사이에 문제가 있을 때, 그들의 외교관들이 서로 만난단다. [9]그들은 무역이나 평화와 같은 일들에 대해 논의하지."

[10]그러고 나서 아빠는 나에게 구경시켜 주셨어요. [11]"여기에 있는 사람들은 많은 다른 일들을 해. [12]몇몇 사람들은 우리나라를 다른 나라들에게 소개한단다. [13]몇몇은 비자나 여권을 만들지. [14]다른 사람들은 정치에 대한 정보를 모은단다." [15]처음에 나는 아빠의 직업에 대해 많이 알지 못했어요. [16]이제 나는 더 많이 알게 되었고, 내 아빠가 자랑스러워요.

🌾 주요 문장 분석하기

⁷**Some** remain in their own country, and **others** move to different countries.
주어1   동사1   주어2   동사2

→ '(여러 사람 중에) 몇몇은 ~, 다른 몇몇은 …'의 의미를 나타낼 때는 「some ~, others ….」로 나타낸다.

⁸~, "**When** there are *problems* [between two countries], their diplomats meet with each other.

→ 두 문장이 시간을 나타내는 접속사 when으로 연결되어 있다.

→ between two countries는 앞의 problems를 꾸며준다.

04	Yi Ye			pp.98 ~ 101

| p. 99 **Check Up** | 1 ③   2 (a) ✕ (b) ◯ (c) ✕   3 ②   4 ① |
| | 5 (a) 184   (b) 43   (c) 20 |

p. 100 **Build Up**	a captured	b peaceful	c stay	d went down

p. 100 **Sum Up**	a greatest	b worked	c stay	d number

p. 101 **Look Up**	A 1 go down	2 capture	3 pain
	B 1 rest - 나머지	2 friendly - 친한, 우호적인	
	3 sign a deal - 조약을 맺다	4 bring back - 다시 데려오다	
	C 1 number	2 over	3 peaceful

Check Up

1 일본의 침략이 잦았던 조선 시대에 슬기롭게 문제를 해결한 조선의 가장 훌륭한 외교관이었던 이예에 대한 글이므로 정답은 ③이다.

> 이예: 조선 시대 가장 훌륭한 <u>외교관</u>

① 왕 ② 해군 ③ 외교관 ④ 적

2 (a) 이예가 외교관으로 일했을 때 일본의 침략 횟수가 줄었다고(However, the number went down when Yi Ye worked as a diplomat.) 했으므로 글의 내용과 틀리다.

(b) 이예는 여덟 살 때 일본 해군이 그의 어머니를 데려간 이후로 남은 생애 동안 어머니를 찾았다고(He looked for his mother for the rest of his life.) 했으므로 어머니를 찾지 못한 것임을 알 수 있다.

(c) 이예는 일본인들을 한국에 머물 수 있도록 하여, 적과 평화롭고 친하게 지내는 것을 선택했다고(Yi Ye chose to stay peaceful and friendly with the enemy.) 했으므로 글의 내용과 틀리다.

3 이예는 외교관으로 일하면서 일본에서 667명의 한국인들을 다시 데려왔다고(During his 43 years as a diplomat, Yi Ye brought back 667 Koreans from Japan.) 했으므로 정답은 ②이다.

① 이예가 외교관이 되었을 때 몇 살이었는가?

② 이예는 몇 명의 한국인들을 일본에서 다시 데려왔는가?

③ 이예는 어떻게 자신의 어머니를 찾았는가?

④ 일본 해군들은 어디에서 머물 장소를 구했는가?

4 빈칸 앞에서는 이예가 조약을 맺었다는 내용이고, 빈칸 뒤에서는 그 조약의 결과로 일본인들이 한국에 20일 동안 머물 수 있게 되었다는 내용이므로 빈칸에는 결과를 나타내는 접속사 so(그래서)가 가장 알맞다.

① 그래서 ② ~할 때 ③ 왜냐하면 ④ 그러나

5 (a) 60년 동안, 184번의 일본의 침략이 있었다.

(b) 이예는 43년 동안 외교관으로 일했다.

(c) 일본인들은 20일 동안 한국에 머무를 수 있었다.

Build Up

문제	• 조선 시대 동안 일본 해군은 한국에서 사람들을 ⓐ 포로로 잡았다.

해결책	• 이예는 일본과 ⓑ 평화롭게 지내는 것을 선택했다. • 이예가 조약을 맺어서 일본인들은 20일 동안 한국에 ⓒ 머물 수 있었다.

결과	• 침략 횟수는 ⓓ 낮아졌다.

Sum Up

이예는 조선 시대 동안 ⓐ 가장 훌륭한 외교관이었다. 많은 일본의 침략이 있었고, 일본 해군은 한국에서 사람들을 포로로 잡았다. 그러나 이예가 외교관으로 ⓑ 일할 때, 그는 적과 친하게 ⓒ 지내는 것을 선택했다. 그 결과로, 침략 ⓓ 횟수는 낮아졌고 이예는 일본에서 많은 한국인들을 다시 데려왔다.

🌾 끊어서 읽기

조선 시대 동안, / 일본 해군은 사람들을 포로로 잡았다 / 한국에서.

¹During the Joseon Dynasty, / the Japanese Navy captured people / from Korea.

60여 년 동안에, / 184번의 침략이 있었다. 하지만, / 그 수는 내려갔다 //

²Over 60 years, / there were 184 invasions. ³However, / the number went down //

이예가 일했을 때 / 외교관으로.

when Yi Ye worked / as a diplomat.

외교관으로서 그의 43년 동안,　　　　　/　이예는 667명의 한국인들을 다시 데려왔다　/　일본에서.

⁴During his 43 years as a diplomat, / Yi Ye brought back 667 Koreans / from Japan.

이예가 여덟 살이었을 때,　//　　일본 해군이 그의 어머니를 데려갔다.　　　그는 그의 어머니를 찾았다

⁵When Yi Ye was 8, // the Japanese Navy took his mother. ⁶He looked for his

　　　　/　그의 남은 생애 동안.　　　그래서 그는 다른 한국인들의 고통을 이해했다　/

mother / for the rest of his life. ⁷So he understood other Koreans' pain /

누구보다 더 잘.

better than anyone.

그는 가장 훌륭한 외교관이었다　　//　그가 일본에 대해 많이 알았기 때문에.　그는 조약을 맺었다

⁸He was the greatest diplomat // because he knew a lot about Japan. ⁹He signed a

/　그래서 일본인들이 한국에서 머물 수 있었다　/　20일 동안.　그들은 또한 얻을 수 있었다　/

deal / so the Japanese could stay in Korea / for 20 days. ¹⁰They could also get / a

머물 곳　/ 그리고 먹을 음식을.　이예는 ~인 채로 있는 것을 선택했다　/　평화롭고 친한　/

place to stay / and food to eat. ¹¹Yi Ye chose to stay / peaceful and friendly / with

적과.

the enemy.

🌾 우리말 해석

이예

¹조선 시대 동안, 일본 해군은 한국에서 사람들을 포로로 잡았습니다. ²60여 년간 184번의 침략이 있었어요. ³하지만 이예가 외교관으로 일했을 때 그 횟수는 줄어들었습니다.

⁴외교관으로서의 43년 동안, 이예는 667명의 한국인들을 일본에서 다시 데려왔습니다. ⁵이예가 여덟 살이었을 때, 일본 해군이 그의 어머니를 데려갔어요. ⁶그는 그의 남은 생애 동안 어머니를 찾았습니다. ⁷그래서 그는 다른 한국인들의 고통을 누구보다 더 잘 이해했지요.

⁸그는 일본에 대해 많이 알았기 때문에 가장 훌륭한 외교관이었습니다. ⁹그가 조약을 맺어서 일본인들이 한국에서 20일 동안 머물 수 있었어요. ¹⁰그들은 머물 곳과 먹을 음식도 얻을 수 있었습니다. ¹¹이예는 적과 평화롭고 친하게 지내는 것을 선택했어요.

🌾 주요 문장 분석하기

⁹He signed a deal **so** the Japanese could stay in Korea for 20 days.
　주어　동사　목적어　　　　주어′　　　　동사′
→ so는 '그래서'라는 의미로 결과를 나타내는 문장을 연결하는 접속사이다.

¹⁰They could also get *a place* [**to stay**] and *food* [**to eat**].
　주어　　　　　동사　　　　　목적어
→ to stay와 to eat은 '~하는, ~할'로 해석하며, 각각 a place와 food를 뒤에서 꾸며준다.

왓츠 리딩
What's Reading

Words
100 B

• 정답과 해설 •
WORKBOOK

CHAPTER 1

Desert
pp.2 ~ 9

01 A Beautiful Cactus

p.2

A 1 land   2 hole
3 come after   4 nowhere
5 pick   6 hide
7 pray

B 1 O: The couple, <u>stopped</u>
2 O: the chief, <u>didn't like</u>
3 O: a boy, <u>picked</u>
4 O: The goddess, they, <u>opened</u>, <u>hid</u>

C 1 He wanted his daughter to marry someone else
2 They ran away to the mountains
3 they saw the men coming after them
4 They started to pray to the goddess of the land

02 A Giant Cactus in the Desert

p.4

A 1 hold   2 quickly
3 survive   4 less
5 deep   6 move out
7 take over

B 1 O: they, <u>don't grow</u>
2 O: The cactus, <u>uses</u>
3 O: One plant with huge roots, <u>is</u>
4 O: Birds like Gila woodpeckers, <u>make</u>

C 1 All desert plants can survive, in dry weather
2 The plants make their leaves small
3 can hold as much as 800 liters of water
4 other animals take over their nests

03 The Sad Mother Volcano

p.6

A 1 area   2 ability
3 tear   4 take away
5 female   6 male
7 salty

B 1 O: Her name, <u>was</u>
2 O: All of the male volcanoes, <u>wanted</u>
3 O: the volcanoes, <u>moved</u>, <u>talked</u>
4 O: Tunupa, <u>couldn't move</u>, <u>talk</u>

C 1 there was only one female volcano
2 They took the baby volcano away and hid him
3 because she couldn't find her baby
4 Her tears and mother's milk ran over the land

04 The Land Full of Salt

p.8

A 1 thousand   2 dry up
3 Cover   4 ground
5 dried-up   6 think of
7 build up

B 1 O: Salt, <u>stays</u>
2 O: You, <u>can find</u>

3 O: The world's largest salt desert, is

4 O: Salt and other minerals, cover

C 1 What comes to your mind

2 Not all deserts have yellow sand

3 Some people call it a salt flat

4 the salt builds up on the surface

• CHAPTER 2 •

Fungi
pp.10 ~ 17

01 Come and Find Me!

p.10

A 1 grow 2 take a close look

3 rise 4 place

5 everywhere 6 horrible

7 humid

B 1 O: Mushrooms, grow

2 O: We, can make

3 O: you, may find

4 take

C 1 You may also find something green

2 We are also in foods like bread

3 As you can see, we are everywhere

4 Some of us actually want to be your friends

02 Old Friends of Humans

p.12

A 1 save 2 discover

3 exist 4 type

5 learn 6 business

7 light 8 taste

B 1 O: Fungi, existed

2 O: Dr. Fleming, discovered

3 O: growing mushrooms, became

4 O: The ancient Aztecs and Egyptians, ate, didn't grow

C 1 Humans first started to use fungi

2 They discovered various ways to use them

3 Yeast made their bread light and airy

4 It also made the bread taste better

03 A Day in the Woods

p.14

A 1 look for 2 Look in

3 step on 4 seed

5 take a photo 6 hurt

7 bad

B 1 O: They, are

2 O: Spores, are

3 O: I, started

4 O: Mom, came, looked

C 1 Mom often takes some to her work

2 I try to identify them all

3 It makes their spores go everywhere

4 I actually helped them grow more

04 Poison in Nature

p.16

A 1 wild 2 turn

3 myth   4 remove

5 facts   6 bright

7 belief

B 1 O: Heat, <u>cannot remove</u>

2 O: Cooking, <u>will make</u>

3 O: Poisonous mushrooms, <u>have</u>

4 O: Silver, <u>turns</u>

C 1 People can die from mushroom poisoning

2 when you damage them

3 Poisonous mushrooms smell and taste bad

4 If you don't, don't touch any in the wild

• CHAPTER 3 •

Soul Culture   pp.18 ~ 25

01 Soul Food

p.18

A 1 culture   2 traditional

3 describe   4 fight for

5 Fry   6 common

7 roots   8 fried

B 1 O: "Soul food", <u>wasn't</u>

2 O: they, <u>fried</u>

3 O: Many people in the southern U.S., <u>fought</u>

4 O: Soul music, soul brothers, and soul food, <u>are</u>

C 1 They started to use the word "soul"

2 Soul food has its roots

3 Soul food tasted like food from their homes

4 They needed a high-calorie diet, for working long days

02 Hush Puppies

p.20

A 1 dish   2 answer

3 Throw   4 bark

5 a few   6 shocked

7 round

B 1 O: Grandma, <u>was</u>

2 O: People, <u>threw</u>

3 O: the dogs, <u>stopped</u>

4 O: I, <u>was</u>, <u>asked</u>

C 1 Hush puppies are made from cornmeal

2 Why are they called hush puppies

3 There are a few stories about that

4 the round balls hushed the dogs

03 A Special Day in June

p.22

A 1 freedom   2 hour

3 celebration   4 celebrate

5 cheer   6 remember

7 upset   8 free

B 1 O: Her dad, <u>sat</u>

2 O: Slaves, <u>didn't have</u>

3 O: They, cheered, celebrated

4 O: Grandpa Willie, was, had to work

C 1 Tomorrow we will have a celebration

2 He started telling Grandpa Willie's story

3 They made plans for a better future

4 Let's remember him and celebrate with soul food

04 Ray Charles

p.24

A 1 blind   2 create

3 mixing   4 blend

5 perform   6 similar

7 success

B 1 O: His playing style, was

2 O: Most of his songs, became

3 O: he, moved, performed

4 O: He, started, was

C 1 He was famous for his unique playing style

2 He could play the piano, before he was five

3 He kept blending different styles

4 Other musicians called Charles the Genius

01 A Mysterious Bat

p.26

A 1 overnight   2 cut down

3 Swing   4 pocket

5 enter   6 leave

7 suddenly

B 1 O: The young man, took

2 O: some goblins, entered

3 O: He, saw, put

4 O: The young man, he, was, bit

C 1 A young man was cutting down trees

2 He decided to sleep there overnight

3 became frightened and ran away

4 They left one of their bats in the house

02 Thankful Trees

p.28

A 1 around   2 example

3 tea   4 everything

5 stomachache   6 fever

7 treat

B 1 O: Some trees, give

2 O: People, can make

3 O: we, can find

4 O: we, can make

C 1 the tree gives everything to the boy

2 Maple syrup is made from maple tree sap

3 Many people enjoy maple syrup

4 The tea helps to treat fevers and wounds

03 Apollo and Daphne

p.30

A 1 get away   2 turn into
   3 prepare   4 respect
   5 cold   6 shoot
   7 branch

B 1 O: She, <u>asked</u>
   2 O: it, <u>made</u>
   3 O: His job, <u>was</u>
   4 O: Cupid, <u>was</u>, <u>prepared</u>

C 1 Apollo didn't show respect for Cupid's job
   2 Cupid shot another arrow at Daphne
   3 He turned Daphne into a bay tree
   4 He wore the crown, to always be with Daphne

04 Christmas Tree

p.32

A 1 tradition   2 during
   3 add   4 candle
   5 Choose   6 holiday
   7 move

B 1 O: He, <u>was</u>
   2 O: One of them, <u>is</u>

3 O: he, <u>decorated</u>
4 O: Martin Luther, <u>saw</u>

C 1 The Christmas tree is a tradition in many countries
   2 Some buy a real tree from a tree farm
   3 Germans took these traditions with them
   4 there were Christmas trees all over Europe

• CHAPTER 5 •

Relations   pp.34 ~ 41

01 The Giraffe in Paris

p.34

A 1 on foot   2 sail
   3 visit   4 welcome
   5 call   6 catch
   7 gift

B 1 O: They, <u>don't choose</u>
   2 O: she, <u>sailed</u>
   3 O: Everyone in Paris, <u>gave</u>
   4 O: Some people, <u>called</u>

C 1 Zarafa was one of the first giraffes in Europe
   2 Zarafa was a gift for the king of France
   3 she moved to Paris on foot
   4 Animals get sent to other countries as gifts

02 A Gift for a Country

p.36

A 1 type   2 accept
3 show   4 leader
5 Sometimes   6 already
7 Also

B 1 ○: Countries, <u>use</u>
2 ○: China, <u>sends</u>
3 ○: Thailand, <u>tried</u>
4 ○: An Egyptian leader, <u>gave</u>

C 1 send their native animals as gifts
2 Countries don't always accept gifts
4 But Abraham Lincoln didn't accept the gift
4 America already had better types of transportation

03 My Dad's Work

p.38

A 1 each other   2 proud of
3 introduce   4 workplace
5 gather   6 Peace
7 between

B 1 ○: Some, <u>introduce</u>
2 ○: My family, <u>moved</u>
3 ○: Diplomats like me, <u>work</u>
4 ○: I, I, <u>know</u>, <u>am</u>

C 1 Come with me, I'll show you around
2 They talk about things like trade or peace

3 Others gather information about politics
4 I didn't know much about his job

04 Yi Ye

p.40

A 1 rest   2 friendly
3 over   4 number
5 stay   6 bring back
7 peaceful

B 1 ○: The Japanese Navy, <u>took</u>
2 ○: He, <u>understood</u>
3 ○: Yi Ye, <u>chose</u>
4 ○: They, <u>could get</u>

C 1 The Japanese Navy captured people from Korea
2 Yi Ye brought back 667 Koreans from Japan
3 He looked for her, for the rest of his life
4 The Japanese could stay in Korea

MEMO

왓츠리딩

What's Reading

한눈에 보는 왓츠 Reading 시리즈

70 A|B | **80 A|B**

90 A|B | **100 A|B**

1 체계적인 학습을 위한 시리즈 및 난이도 구성
2 재미있는 픽션과 유익한 논픽션 50:50 구성
3 이해력과 응용력을 향상시키는 다양한 활동 수록
4 지문마다 제공되는 추가 어휘 학습
5 워크북과 부가자료로 완벽한 복습 가능
6 학습에 편리한 차별화된 모바일 음원 재생 서비스
   → 지문, 어휘 MP3 파일 제공

단계	단어 수 (Words)	Lexile 지수
70 A	60 ~ 80	200-400L
70 B	60 ~ 80	
80 A	70 ~ 90	300-500L
80 B	70 ~ 90	
90 A	80 ~ 110	400-600L
90 B	80 ~ 110	
100 A	90 ~ 120	500-700L
100 B	90 ~ 120	

* Lexile(렉사일) 지수는 미국 교육 연구 기관 MetaMetrics에서 개발한 독서능력 평가지수로, 미국에서 가장 공신력 있는 지수로 활용되고 있습니다.

부가자료 다운로드
www.cedubook.com

READING RELAY 한 권으로
영어를 공부하며 국·수·사·과까지 5과목 정복!

리딩릴레이 시리즈

① 각 챕터마다 주요 교과목으로 지문 구성!

우리말 지문으로 배경지식을 읽고, 관련된 영문 지문으로 독해력 키우기

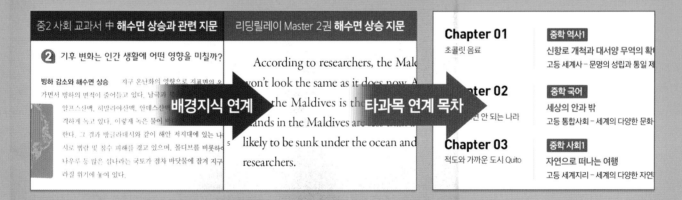

중2 사회 교과서 中 해수면 상승과 관련 지문	리딩릴레이 Master 2권 해수면 상승 지문

② 기후 변화는 인간 생활에 어떤 영향을 미칠까?

빙하 감소와 해수면 상승 지구 온난화의 영향으로 지표면의 온도가 올라가면서 빙하의 면적이 줄어들고 있다. 남극과 알프스산맥, 히말라야산맥, 안데스산맥 등에서 급격하게 녹고 있다, 이렇게 녹은 물이 바다로 흘러들어 간다, 그 결과 방글라데시와 같이 해안 저지대에 있는 나라들은 서로 범람 및 침수 피해를 겪고 있으며, 몰디브를 비롯하여 투발루, 나우루 등 많은 섬나라는 국토가 점차 바닷물에 잠겨 지구상에서 사라질 위기에 놓여 있다.

> According to researchers, the Mald... won't look the same as it does now. A... the Maldives is the ... ands in the Maldives are ... likely to be sunk under the ocean and ... researchers.

배경지식 연계 → **타과목 연계 목차** →

Chapter 01
초콜릿 음료

중학 역사1
신항로 개척과 대서양 무역의 확...
고등 세계사 - 문명의 성립과 통일 제...

Chapter 02
... 안 되는 나라

중학 국어
세상의 안과 밖
고등 통합사회 - 세계의 다양한 문화...

Chapter 03
적도와 가까운 도시 Quito

중학 사회1
자연으로 떠나는 여행
고등 세계지리 - 세계의 다양한 자연...

② 학년별로 국/영문의 비중을 다르게!

지시문 & 선택지 기준

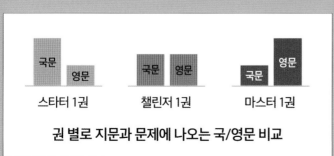

국문	영문
스타터 1권

국문 영문
챌린저 1권

국문 영문
마스터 1권

권 별로 지문과 문제에 나오는 국/영문 비교

③ 교육부 지정 필수 어휘 수록!

쎄듀 초·중등 커리큘럼

	예비초	초1	초2	초3	초4	초5	초6
구문		천일문 365 일력 |초1-3| 교육부 지정 초등 필수 영어 문장		초등코치 천일문 SENTENCE 1001개 통문장 암기로 완성하는 초등 영어의 기초			
문법					초등코치 천일문 GRAMMAR 1001개 예문으로 배우는 초등 영문법		
			왓츠 Grammar Start (초등 기초 영문법) / Plus (초등 영문법 마무리)				
독해				왓츠 리딩 70 / 80 / 90 / 100 A / B 쉽고 재미있게 완성되는 영어 독해력			
어휘				초등코치 천일문 VOCA&STORY 1001개의 초등 필수 어휘와 짧은 스토리			
		패턴으로 말하는 초등 필수 영단어 1 / 2 문장 패턴으로 완성하는 초등 필수 영단어					
ELT	Oh! My PHONICS 1 / 2 / 3 / 4 유·초등학생을 위한 첫 영어 파닉스						
		Oh! My SPEAKING 1 / 2 / 3 / 4 / 5 / 6 핵심 문장 패턴으로 더욱 쉬운 영어 말하기					
		Oh! My GRAMMAR 1 / 2 / 3 쓰기로 완성하는 첫 초등 영문법					

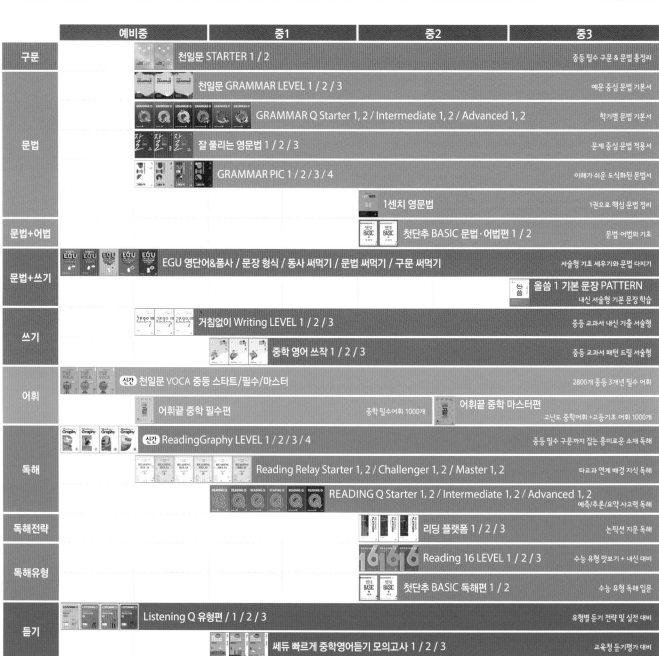

	예비중	중1	중2	중3
구문	천일문 STARTER 1 / 2			중등 필수 구문 & 문법 총정리
문법	천일문 GRAMMAR LEVEL 1 / 2 / 3			예문 중심 문법 기본서
	GRAMMAR Q Starter 1, 2 / Intermediate 1, 2 / Advanced 1, 2			학기별 문법 기본서
	잘 풀리는 영문법 1 / 2 / 3			문제 중심 문법 적용서
	GRAMMAR PIC 1 / 2 / 3 / 4			이해가 쉬운 도식화된 문법서
			1센치 영문법	1권으로 핵심 문법 정리
문법+어법		첫단추 BASIC 문법·어법편 1 / 2		문법·어법의 기초
문법+쓰기	EGU 영단어&품사 / 문장 형식 / 동사 써먹기 / 문법 써먹기 / 구문 써먹기			서술형 기초 세우기와 문법 다지기
				올쏨 1 기본 문장 PATTERN 내신 서술형 기본 문장 학습
쓰기	거침없이 Writing LEVEL 1 / 2 / 3			중등 교과서 내신 기출 서술형
		중학 영어 쓰작 1 / 2 / 3		중등 교과서 패턴 드릴 서술형
어휘	신간 천일문 VOCA 중등 스타트/필수/마스터			2800개 중등 3개년 필수 어휘
	어휘끝 중학 필수편		중학 필수어휘 1000개 / 어휘끝 중학 마스터편 고난도 중학어휘 +고등기초 어휘 1000개	
독해	신간 ReadingGraphy LEVEL 1 / 2 / 3 / 4			중등 필수 구문까지 잡는 흥미로운 소재 독해
	Reading Relay Starter 1, 2 / Challenger 1, 2 / Master 1, 2			타교과 연계 배경 지식 독해
		READING Q Starter 1, 2 / Intermediate 1, 2 / Advanced 1, 2		예측/추론/요약 사고력 독해
독해전략			리딩 플랫폼 1 / 2 / 3	논픽션 지문 독해
독해유형			Reading 16 LEVEL 1 / 2 / 3	수능 유형 맛보기 + 내신 대비
			첫단추 BASIC 독해편 1 / 2	수능 유형 독해 입문
듣기	Listening Q 유형편 / 1 / 2 / 3			유형별 듣기 전략 및 실전 대비
		쎄듀 빠르게 중학영어듣기 모의고사 1 / 2 / 3		교육청 듣기평가 대비